Kohlhammer

Die Autorin

Dr. Saskia Erbring ist Professorin für Beratung an der Fachhochschule Erfurt und arbeitet freiberuflich als Supervisorin M. A. (DGSv). Sie berät Schulleitungen und Steuergruppen zu Schulentwicklungsthemen und veranstaltet schulinterne Fortbildungen zu Inklusion und Lehrer*innengesundheit. Ausgebildet als Lehrerin für Sonderpädagogik sowie als Lehrerin in Sekundarstufen arbeitete sie ursprünglich an einer Kölner Gesamtschule. Als Autorin publiziert sie Artikel und Bücher zum Thema Inklusion und Schulentwicklung aus unterschiedlichen Fachperspektiven. E-Mail: mail@praxis-erbring.com.

Saskia Erbring

Selbsthilfe für inklusive Schulen

Praxisbewährte Lösungen

Verlag W. Kohlhammer

Dieses Werk einschließlich aller seiner Teile ist urheberrechtlich geschützt. Jede Verwendung außerhalb der engen Grenzen des Urheberrechts ist ohne Zustimmung des Verlags unzulässig und strafbar. Das gilt insbesondere für Vervielfältigungen, Übersetzungen, Mikroverfilmungen und für die Einspeicherung und Verarbeitung in elektronischen Systemen.

Die Wiedergabe von Warenbezeichnungen, Handelsnamen und sonstigen Kennzeichen in diesem Buch berechtigt nicht zu der Annahme, dass diese von jedermann frei benutzt werden dürfen. Vielmehr kann es sich auch dann um eingetragene Warenzeichen oder sonstige geschützte Kennzeichen handeln, wenn sie nicht eigens als solche gekennzeichnet sind.

Es konnten nicht alle Rechtsinhaber von Abbildungen ermittelt werden. Sollte dem Verlag gegenüber der Nachweis der Rechtsinhaberschaft geführt werden, wird das branchenübliche Honorar nachträglich gezahlt.

Dieses Werk enthält Hinweise/Links zu externen Websites Dritter, auf deren Inhalt der Verlag keinen Einfluss hat und die der Haftung der jeweiligen Seitenanbieter oder -betreiber unterliegen. Zum Zeitpunkt der Verlinkung wurden die externen Websites auf mögliche Rechtsverstöße überprüft und dabei keine Rechtsverletzung festgestellt. Ohne konkrete Hinweise auf eine solche Rechtsverletzung ist eine permanente inhaltliche Kontrolle der verlinkten Seiten nicht zumutbar. Sollten jedoch Rechtsverletzungen bekannt werden, werden die betroffenen externen Links soweit möglich unverzüglich entfernt.

1. Auflage 2021

Alle Rechte vorbehalten
© W. Kohlhammer GmbH, Stuttgart
Gesamtherstellung: W. Kohlhammer GmbH, Stuttgart

Print:
ISBN 978-3-17-039270-0

E-Book-Formate:
pdf: ISBN 978-3-17-039271-7
epub: ISBN 978-3-17-039272-4
mobi: ISBN 978-3-17-039273-1

Inhalt

1	**Einleitung**	7
1.1	Salutogenese in der inklusiven Schulentwicklung...	7
1.2	Aufbau des Buches	10
1.3	Übungen zu Beginn, Abschluss und während des Selbsthilfeprozesses	12
1.4	Prozessbegleitung mit Fallberatungsgruppen	14
2	**Inklusion als Prozess gestalten**	19
2.1	Verstehbarkeit: Herausforderungen inklusiver Schulentwicklungsprozesse	19
2.2	Bedeutsamkeit: Ambivalenzen über Inklusion an der eigenen Schule	35
2.3	Machbarkeit: Erfolg in kleinen Schritten	40
3	**Inklusive Unterrichtsentwicklung gestalten**	51
3.1	Verstehbarkeit: Unterrichtsinhalte und Förderschwerpunkte im systemischen Verständnis...	51
3.2	Bedeutsamkeit: Unterrichtsentwicklung und Inklusion an der eigenen Schule	62
3.3	Machbarkeit: Differenzierung in fachbezogener Unterrichtsvorbereitung	67
4	**Inklusion und Teamarbeit gestalten**	78
4.1	Verstehbarkeit: Ansatzpunkte zur Entwicklung schulischer Teamarbeit	78
4.2	Bedeutsamkeit: Teamressourcen an der eigenen Schule nutzen	92
4.3	Machbarkeit: Schulische Teamarbeit entwickeln....	99

5	Inklusive Schulentwicklung gesund gestalten	102
	5.1 Verstehbarkeit: Umgang mit Inklusion als Mehrbelastung	102
	5.2 Bedeutsamkeit: Gesundheitsorientierung im eigenen Kollegium regulieren	108
	5.3 Machbarkeit: Fokussierung auf Gesundheit im eigenen Kollegium	116
6	Perspektiven inklusiver Schulentwicklung gestalten	124
	6.1 Verstehbarkeit: Inklusion im Paradigmenwechsel zur Problemlösung	124
	6.2 Bedeutsamkeit: Perspektivenvielfalt als Mehrwert einsetzen	131
	6.3 Machbarkeit: Inklusion gemeinsam entwickeln	133
7	Evaluationen zu schulischen Selbsthilfeprozessen gestalten	140
	7.1 Evaluationsergebnisse eines Qualifizierungsseminars der Unfallkasse	140
	7.2 Methodische Anregungen zur Abschlussevaluation	146

Verzeichnis der Übungen und Lernmaterialien	151
Übungen	151
Folien	153
Arbeitsblätter	154
Tabellen	155

Literaturverzeichnis 156

Online-Material

Alle Arbeitsblätter und Folien, die im Buch zur Veranschaulichung abgedruckt sind, finden Sie auch online unter https://dl.kohlhammer.de/978-3-17-039270-0.

1 Einleitung

1.1 Salutogenese in der inklusiven Schulentwicklung

In zunehmendem Maße werden in Schulen die am Inklusionsparadigma orientierten Vorgaben der Vereinten Nationen implementiert. Grundsätzlich setzt sich eine an Inklusion orientierte Schulentwicklung mit Heterogenität auseinander und zielt auf das Erkennen und Überwinden ausgrenzender und marginalisierender Praktiken und Strukturen ab (Sturm 2013; Werning 2014). Die in der UN Konvention geforderten Standards wurden deutschlandweit bisher nicht erreicht. So konstatiert das Institut für Menschenrechte acht Jahre nach Ratifizierung der Konvention auf der Umsetzungsebene in Deutschland erhebliche Mängel und »eine ernüchternde Stagnation« (Aichele & Kroworsch 2017, 3). Es sei den Bundesländern nicht gelungen, ein inklusives Schulsystem zu etablieren, so dass Deutschland als Vertragsstaat der UN-Behindertenrechtskonvention hinter den völkerrechtlichen Erwartungen weit bis extrem weit zurückbleibe.

Der mit dem Inklusionsauftrag transportierte Schulentwicklungsauftrag fordert insbesondere Personen in Leitungspositionen innerhalb der Regelschulen heraus, also Schulleitungen und Lehrkräfte, die sich innerhalb von Steuergruppen und Leitungsgremien engagieren. Nach einer Befragung von Schulleitungen in Deutschland äußert sich jedoch die Hälfte der Befragten gegenüber der Umsetzung des Inklusionsauftrages gemäß der Menschenrechtskonvention skeptisch oder unentschieden. Insbesondere fehlende externe Ressourcen, vor allem personelle, sachliche und räumliche, werden von den befragten Schulleitungen als Begründung für ihre skeptische Haltung genannt. Die gegenüber der Umsetzbarkeit des Inklusionsauftrages positiv eingestellten Schulleitungen dagegen nennen vorrangig die bereits in Grundzügen erfolgreiche Prozessgestaltung als Grund für die Umsetzbarkeit (Badstieber et al. 2017). Aus den Befragungsergebnissen kann man ableiten, dass »Machbarkeitserfahrungen« in inklusiven Schulentwicklungsprozessen besonders wichtig sind und dazu beitragen, dass die Prozessgestaltung positiv gestimmt und konstruktiv weitergeführt wird.

Schulen werden bei der Einführung von Inklusion aufgefordert, die Schulentwicklungsprozesse intern zu regulieren und auszugestalten. Hierfür erforderliche Orientierungs- und Einführungskonzepte sind in der Schullandschaft unterrepräsentiert, so dass Einzelschulen und regionale Vertretungen aus Schulamt und Bezirksregierung sich an externe Anbieter*innen von Fort- und Weiterbildung zum Thema Inklusion und Schulentwicklung wenden. Gefragt wird nach Konzepten sowie nach Veranstaltungsangeboten für Einzelschulen oder Schulen in der Region, die sich jedoch hinsichtlich der Umsetzung und Umsetzungsmöglichkeiten stark unterscheiden. Unterschiedlichen Ausgangsbedingungen entstehen u. a. aufgrund der Spezifika des Kollegiums, der Schüler*innenschaft, des vorhandenen Know-hows und des Budgets für die erfolgreiche Gestaltung von Schulentwicklung. Schulinterne Kontroversen rund um das Thema generieren innerhalb der Schulen nahezu unüberwindliche Gräben, auch innerhalb der Kollegien, zwischen vehementer Befürwortung und Skepsis bzw. Ablehnung der anstehenden Veränderungen. Darunter leiden nicht nur Unterricht und Schüler*innenschaft, sondern auch die Gesundheit von Lehrkräften und Schulleitungen.

Daher hat sich in den letzten Jahren insbesondere auch die Unfallkasse NRW u. a. im Modellprojekt »Inklusion ressourcenorientiert umsetzen« zur Aufgabe gemacht, Angebote zu entwickeln und eingesetzte Maßnahmen zu evaluieren. Denn es besteht ein nachweislicher Zusammenhang zwischen der Qualität von Schule und der Gesundheit ihrer Lehrenden und Lernenden: »Das Wohlergehen aller ist nicht nur ein Zeichen von Schulqualität, es fördert sie auch. Wer Qualität will, muss also die Gesundheit fördern und umgekehrt« (Rolff 2004, 42; Dadacynski & Paulus 2011). Gesundheitsorientierte Qualifizierungsformate setzen insbesondere an der Stärkung des Kohärenzgefühls (Antonovsky 1997) an: Mit einem hohen Kohärenzgefühl erleben Menschen Anforderungen als stimmig, da sie diese verstehen, sie für bedeutsam und für bewältigbar halten. Neue Anforderungen werden dann als weniger bedrohlich erlebt und motiviert verfolgt, da eine Identifikation mit der Aufgabe stattfindet und den eigenen Problemlöse- und Gestaltungsmöglichkeiten vertraut wird (Krapp & Ryan 2002). Gesundheitskonzepte aus der Salutogeneseforschung wurden daher in diesem Band und in den hier enthaltenen Selbsthilfeimpulsen auf inklusive Schulentwicklungsbedarfe hin adaptiert.

Veränderungen in Schulen lassen sich nur schwer erreichen, wenn sie ausschließlich von außen ›angeordnet‹ werden. Anordnungen, insbesondere wenn diese größere Veränderungen nach sich ziehen, wird an Schulen eher mit Skepsis und Ablehnung begegnet werden, eine Veränderungsbereitschaft bei allen Mitwirkenden kann diesbezüglich nicht vorausgesetzt werden. Schulentwicklungsprozesse sind demnach nur dann erfolgreich, wenn sie ›verstanden‹ (Verstehbarkeit), ›gekonnt‹ (Machbarkeit) und ›gewollt‹ (Bedeutsamkeit) werden, d. h. wenn die Akteur*innen innerhalb der Schule das notwendige Wissen und Können besitzen und wenn den Mitgliedern der Schulgemeinschaft deutlich ist, welchen Nutzen sie von einer entsprechenden Entwicklung haben. Die aus der Salutogeneseforschung bekannten Faktoren der Verstehbarkeit, Machbarkeit und Bedeutsamkeit sind also in inklusiven Schulentwicklungsprozessen besonders zu berücksichtigen.

Eine gesundheitsfördernde Schulentwicklung im hier vertretenen Ansatz nimmt auch schulische Arbeits- und Organisationsbedingungen in den Blick. Schulen unterscheiden sich von anderen Organisationen. Sie besitzen einerseits eine bürokratische Organisation und andererseits eine starke Autonomie mit eher loser Kopplung der Tätigkeiten der einzelnen Lehrkräfte, so dass dann das Gefühl aufeinander angewiesen zu sein und kooperieren zu müssen häufig fehlt. Oft verstehen Lehrkräfte sich noch als Einzelkämpfer und nicht als Mitglieder eines wechselseitig gebrauchten Teams. Dementsprechend stellt Schumacher (2012) heraus, dass sowohl für die Erreichung der Bildungsziele als auch für die Förderung von Gesundheit es unerlässlich ist, dass Lehrkräfte ihre Schule als Kollektiv begreifen, das gemeinsam seine Ziele verfolgt, Orientierung und Schutz bietet, aber auch Engagement und Loyalität verlangt. Im System Schule liegen demnach vielfältige Ressourcen, beispielsweise soziale Unterstützung und

1 Einleitung

Wertschätzung seitens der Kolleg*innen und Schulleitung, ein hoher Zusammenhalt im gesamten Schulteam und eine gute, effiziente Schulorganisation, die wirksam zur Bewältigung von Stress und Belastung und zur Förderung von Wohlbefinden und Gesundheit beitragen können. Bezüglich einer inhaltlichen Schwerpunktsetzung orientiert sich das hier entwickelte Selbsthilfeprogramm für Schulen auch an den Vorgaben der European Agency »Teacher Education for Inclusion TE4I« (EAFDISNE 2012). Demnach sind vier Bereiche im Hinblick auf die Qualifizierung von schulischem Personal zu berücksichtigen: Inklusion als Wertschätzung von Vielfalt (valuing learner diversity), Unterricht mit der Unterstützung aller Lernenden (supporting all learners), Zusammenarbeit innerhalb der Schule und darüber hinaus (working together), Weiterentwicklung des Personals (personal professional development).

1.2 Aufbau des Buches

Die Heterogenität der Ausgangsbedingungen an den Einzelschulen sowie der dringende Bedarf legen nahe, dass Bücher zur Entwicklung schulischer Inklusion als Ratgeber konzipiert werden – als »Hilfe zur Selbsthilfe«. Dieser Band bietet entsprechend konkrete Unterstützungsangebote, die auf die unterschiedlichen Ausgangslagen von Einzelschulen adaptiert werden können. Vielfach erprobte Erfolgskonzepte aus langjähriger Fortbildungserfahrung, die die Selbsthilfepotentiale innerhalb von Schulen aktivieren, sind hier gebündelt.

Das Buch ist erfahrungsbasiert und praxisnah konzipiert. Es enthält kurzgefasste inhaltliche Statements, Übersichten, Grafiken, Arbeitsblätter und Übungen sowie didaktische Hinweise. Adressat*innen des Selbsthilfeprogramms sind Schulen, die sich bereits in einer Umsetzungsphase der Inklusion befinden, ein reflexionsorientiertes Angebot wünschen und bereits sind zum gemeinsamen Austausch und zur gemeinsamen Entwicklung. Falls die Selbsthilfeangebote extern moderiert werden sollen, ist bei den Moderator*innen auf Beratungs- und Kommunikationskompetenzen zu achten. Insbesondere sollten diese ihre eigenen ambivalenten Einstellungen zu Inklusion kennen und in ihrer professionellen Rolle als Vorbild einen produktiven und konstruktiven Umgang damit vorleben. Weitere relevante Akteur*innen, z. B. aus der Region, sollten nach Möglichkeit im Prozess einbezogen werden.

Die hier gesammelten Übungen und Reflexionsanstöße können allein, zu zweit, in Gruppen bzw. Teams und im gesamten Kollegium eingesetzt werden. Im Buch wurden die Übungen mit entsprechenden Hinweisen versehen:

> E: Einzeln
> T: Tandem
> G: Gruppen
> K: Kollegium

In den hier erstellten Vorlagen und Arbeitshinweisen wurde im Sinne eines ressourcenorientierten Ansatzes gearbeitet, der in Selbsthilfeprozessen durchgehend beibehalten werden sollte. Teilnehmende werden gebeten, sich einzulassen und defizitäre Kommunikationsmuster zu unterbrechen. Dies setzt auch voraus, dass während gemeinsamer Arbeitsphasen ermüdende und kräftezehrende Argumentationen innerhalb von Arbeitsgruppen möglichst unterbunden werden. Dazu kann auch der Hinweis erfolgen, dass das Selbsthilfeprogramm als Experimentieren mit einer Ressourcenhaltung und als forschender Lernprozess gestaltet ist. In den einzelnen Übungen werden entsprechende Hinweise zu verwendbaren Arbeitsblättern und Folien gegeben, die die praktische Umsetzung unterstützen. Alle verwendeten Arbeitsmaterialien können über den Link im Inhaltsverzeichnis online abgerufen werden.

1 Einleitung

1.3 Übungen zu Beginn, Abschluss und während des Selbsthilfeprozesses

Übung 1: Soziometrische Aufstellungen in gemischten Gruppen (G/K)

Zeitumfang	Inhalt und Ziel	Didaktischer Kommentar
30–60 Min.	Wie weit sind Sie angereist? (Regionalgruppen) Welche Schulform vertreten Sie? (Schulformgruppen) Wie groß ist das Kollegium Ihrer Schule? (groß – mittel – klein) In welcher Rolle sind Sie hier? (Schulleitung, Jahrgangsleitung, Steuergruppenmitglied, sonderpädagogische Qualifizierung etc.)	Gruppenzugehörigkeit jeweils z. B. mit Zahlkarten oder Farben markieren, damit die Gruppen im Seminarverlauf nutzbar bleiben.

Übung 2: Skulptur (G/K)

Zeitumfang	Inhalt und Ziel	Didaktischer Kommentar
30–60 Min.	Es werden Kleingruppen gebildet. Die Gruppe wählt ein Thema aus und stellt dieses Thema als wortlose Skulptur dar (z. B. zur Teamarbeit, Gesundheit). Anschließend werden die Skulpturen der Gesamtgruppe präsentiert.	Es bietet sich an, dass eine Person in der Kleingruppe das Thema vorgibt und die Skulptur aus den drei anderen Teilnehmer*innen ›baut‹.

Übung 3: Gemeinsamer Spaziergang (T/G/K)

Zeitumfang	Inhalt und Ziel	Didaktischer Kommentar
45 Min.	Die Teilnehmer*innen machen zu zweit einen Spaziergang. Hier lassen sich in Ruhe Ergebnisse aus vorigen Arbeitsphasen besprechen.	Tandems per Zufallsprinzip bilden

1.3 Übungen zu Beginn, Abschluss und während des Selbsthilfeprozesses

Übung 4: Eckengespräche zur Inklusion (G/K)

Zeitumfang	Inhalt und Ziel	Didaktischer Kommentar
30 Min.	Frage: Woran denken Sie momentan beim Thema Inklusion? • Bestimmte Schüler*innen • Bestimmte Kolleg*innen • Unterricht/Unterrichtsentwicklung • Schule/Schulentwicklung Die vier Bereiche werden als Überschriften auf Karten vorbereitet und in die vier Raumecken ausgelegt.	Die Teilnehmer*innen gehen in die Ecke, in der die Überschrift mit der gewählten Antwort liegt. Dort bilden sich Gruppen für den Austausch (»Eckengespräche«).

Übung 5: Sammeln von Erwartungen (T/G/K)

Zeitumfang	Inhalt und Ziel	Didaktischer Kommentar
15 Min.	Abfragen spezifischer Erwartungen an die Veranstaltungen.	Zu Beginn oder während der Veranstaltungen werden Erwartungen schriftlich erfragt und einbezogen.
10 Min.	Ausblick auf nächste Schritte.	Hinweis auf weitere Abfragen.
30 Min.	Offen gebliebene Fragen, Kommentare und Wünsche ansprechen.	

Übung 6: Kartenabfrage zu Gruppenpotentialen (G/K)

Zeitumfang	Inhalt und Ziel	Didaktischer Kommentar
10 Min.	Reflexion der Zusammenarbeit als Kartenabfrage: • Potentiale der Gruppe (grün)	Die ausgefüllten Karten werden auf einer Pinnwand gesammelt und können immer wieder

1 Einleitung

Übung 6: Kartenabfrage zu Gruppenpotentialen (G/K) – Fortsetzung

Zeitumfang	Inhalt und Ziel	Didaktischer Kommentar
	• Herausforderungen der Gruppe (orange) • Ressourcen der Gruppe zur Bewältigung der Herausforderungen (blau)	von den Teilnehmer*innen betrachtet werden. Diese Methode kann nach unterschiedlichen Arbeitsphasen wiederholt werden.

1.4 Prozessbegleitung mit Fallberatungsgruppen

Übung 7: Einführung Kollegialer Fallberatung (G/K)

Zeitumfang	Inhalt und Ziel	Didaktischer Kommentar
20 Min.	Einführung in die Methode der Kollegialen Fallberatung und Erläuterung des Leitfadens Vorbereitung: Sitzordnung im Stuhlkreis ohne Tisch, Schweigepflicht vereinbaren, Moderator*in bestimmen, Probleme sammeln, Fallauswahl (z. B. über Abstimmung oder Dringlichkeit) (▶ Folie 1: Leitfaden Kollegiale Fallberatung). 1. Falldarstellung: Der Fallgeber schildert kurz und prägnant das Problem (max. 5 Min.). Die anderen hören zu, Nachfragen sind nicht zulässig. 2. Frage klären: Was genau will der Fallgeber für sich klären? Am Ende der Beratung wird hierauf erneut Bezug genommen.	Darauf hinweisen, dass in der systemischen Beratung Probleme nicht negativ assoziiert werden.

1.4 Prozessbegleitung mit Fallberatungsgruppen

Übung 7: Einführung Kollegialer Fallberatung (G/K) – Fortsetzung

Zeitumfang	Inhalt und Ziel	Didaktischer Kommentar
	3. Nachfragen: nur Informationsfragen, keine Unterstellungen, keine indirekten Lösungsvorschläge (Hast du denn nicht schon überlegt, ob …). 4. Ich als …: Die Beratenden teilen ihr Verständnis des Falls in der Situation mit und schlüpfen in die Rollen von Menschen, die im Bericht vorkamen. Der Fallgeber kann am Ende der Runde Rückmeldung geben. 5. Ich als … werde …: Die Beratenden denken zukünftige Handlungsmöglichkeiten vor (▶ Folie 2: Ablauf Kollegiale Fallberatung 1). 6. Der Fallgeber zieht eine kurze Bilanz: Wie fühle ich mich? Was nehme ich mit? Was lasse ich hier? 7. Sharing: Wer möchte, kann erzählen, was der Fall bei ihm*ihr auslöst, was er*sie mitnimmt, oder er*sie kann etwas zur Methode sagen (▶ Folie 3: Ablauf Kollegiale Fallberatung 2). 8. Verabschiedung: Feedback innerhalb der Gruppe (▶ Arbeitsblatt 1: Kollegiale Fallberatung).	
10 Min.	Gruppenbildung	Die Aufteilung der Gruppe nach Statusgruppen bzw. Rollen/Aufgaben innerhalb der Schule kann hier sinnvoll sein. Jedoch sollte die Gruppeneinteilung mit der Gesamtgruppe abgesprochen werden. Es können auch Gruppen ausgelost werden.

1 Einleitung

Kollegiale Fallberatung (Leitfaden)

Vorbereitung:	Setzen Sie sich in einen Stuhlkreis ohne Tisch. Bestimmen Sie eine*n Moderator*in.
Problemsuche:	Jede*r schildert ein Problem, einen ›Fall‹. Probleme zu haben ist Normalität.
Auswahl:	Ein Fall wird ausgewählt.

Folie 1: Leitfaden Kollegiale Fallberatung

---

1. Schritt Falldarstellung
2. Schritt Frage klären
3. Schritt Nachfragen
4. Schritt Ich als…
5. Schritt Ich als… werde…

Folie 2: Ablauf Kollegiale Fallberatung 1

Sharing:	Wer möchte kann erzählen, was der Fall bei ihm*ihr auslöst, was er*sie mitnimmt oder etwas zur Methode sagen.
Abschluss:	Feedback an die Gruppe/Moderation.

Folie 3: Ablauf Kollegiale Fallberatung 2

Übung 8: Kollegiale Fallberatung (G/K)

Zeitumfang	Inhalt und Ziel	Didaktischer Kommentar
80 Min.	Die Fallberatungen werden durchgeführt. Sie dienen der Bearbeitung aktueller Probleme bei der innerschulischen Umsetzung von Inklusion. Mithilfe der Methode werden neuralgische Punkte besprech- und	Die Moderation kann auf Wunsch der Gruppen von den Referenten übernommen werden.

Übung 8: Kollegiale Fallberatung (G/K) – Fortsetzung

Zeitumfang	Inhalt und Ziel	Didaktischer Kommentar
	bearbeitbar. Die Perspektivwechsel regen Lösungsfindungsprozesse an und die Teilnehmenden erlangen höhere Selbstwirksamkeit, indem sie einander mit vorhandenen Ressourcen unterstützen.	
10 Min.	Rückmeldung aus den Gruppen: Schwierigkeiten, Rückmeldung zur Methode, Ausblick auf die nächste Sitzung.	Kein Nacherzählen der Fälle, sondern des Beratungsprozesses.

Arbeitsblatt 1: Kollegiale Fallberatung

Vorbereitung: Setzen Sie sich in einen Stuhlkreis ohne Tisch. Bestimmen Sie eine*n Moderator*in.
Problemsuche: Jede*r schildert ein Problem, einen ›Fall‹. Probleme zu haben ist Normalität.
Auswahl: Ein Fall wird ausgewählt.

1. Schritt: Falldarstellung
Fallgeber*in schildert kurz und prägnant das Problem (max. 5 Min.). Die Anderen hören zu.
2. Schritt: Frage klären
Was genau will der*die Fallgeber*in für sich klären? Am Ende der Beratung wird hierauf erneut Bezug genommen.
3. Schritt: Nachfragen
Nur Informationsfragen. Keine Unterstellungen, keine indirekten Lösungsvorschläge (z. B. »Haben Sie denn nicht schon überlegt, ob...«)
4. Schritt: Ich als ...
Die Beratenden teilen ihr Verständnis des Falls in der Situation mit und schlüpfen in die Rolle von Menschen, die im Bericht vorkamen. Der*die Fallgeber*in kann am Ende der Runde Rückmeldungen geben.

5. Schritt: Ich als ... werde ...
Die Beratenden denken zukünftige Handlungsmöglichkeiten vor. Der*die Fallgeber*in zieht eine kurze Bilanz: Wie fühle ich mich? Was nehme ich mit? Was lasse ich hier?

Sharing: Wer möchte kann erzählen, was der Fall bei ihm*ihr ausgelöst, was er*sie
mitnimmt oder etwas zur Methode sagen.
Abschluss Feedback an die Gruppe/Moderation.

2 Inklusion als Prozess gestalten

2.1 Verstehbarkeit: Herausforderungen inklusiver Schulentwicklungsprozesse

(a) Inklusionsbegriff

Der wissenschaftliche, fachpraktische und schulpolitische Diskurs zur schulischen Inklusion hat sich in der letzten Dekade immer wieder verändert. Zu benennen ist aktuell die Begrifflichkeit der Inklusion im Verhältnis zum Vorgängerbegriff der Integration. Hinz (2013) merkt dazu an, dass die UN-Behindertenrechtskonvention Inklusion mit einer spezifischen Zielgruppe, der von Menschen mit Beeinträchtigungen, in enge Beziehung gesetzt hat. Laut UNESCO handelt es sich bei Inklusion jedoch um eine Öffnung des Schulsystems im Hinblick auf Gleichberechtigung und Partizipationsmöglichkeiten für alle Menschen. Im sogenannten engen Inklusionsverständnis (Inklusion bezieht sich auf Menschen mit Behinderungen) setzen Schulen häufig lediglich ein integratives Konzept um, bei dem es um Schüler*innen mit sonderpädagogischem Förderbedarf geht. Inklusion im prozesshaften und dialogischen Verständnis sollte weitergehen und eine grundlegende Schulreform durchsetzen, die sich für Teilhabemöglichkeiten einsetzt, vor allem für die Schüler*innen, die bisher keine umfängliche Teilhabe erleben durften. Tony Booth führt im Kontext des Rückgriffs auf ein integratives Konzept den Begriff der De-Segregation ein. Zum einen gibt er zu bedenken, dass so Inklusion oft im Verbandsdiskurs der Sonderpädagogik gesehen wird, zum anderen zeigt er auch auf, dass sich in der Wissenschaft ebenfalls verstärkt Tendenzen zur »Sonderpädagogisierung« finden lassen. In beiden Theoriesträngen wird eine Reduzierung auf die Integration von Schüler*innen mit Beeinträchtigungen vorgenommen, andere Differenzlinien außer Acht gelassen und Ausgrenzungstendenzen nicht ausreichend reflektiert.

(b) Forschung zu inklusiver Bildung

Merz-Atalik (2014) verweist auf empirische Studien und stellt heraus, dass schulleistungsschwache Schüler*innen in Sonderklassen für Lernbehinderte bzw. Hilfsschulklassen einen geringeren Anstieg der schulischen Gesamtleistung zeigen als schulleistungsschwache Schüler*innen in Regelklassen, und zieht daraus die Schlussfolgerung, dass Schüler*innen mit einem (sonderpädagogischen) Förderbedarf in leistungsheterogenen Klassen respektive inklusiven Settings lerneffektiveren und leistungssteigernderen Unterricht erfahren als in sonderpädagogischen Förderklassen. Auch für die Kinder ohne Förderbedarf konnten keine leistungsmindernden Effekte festgestellt werden, eher im Gegenteil wiesen diese zusätzlich stärkere soziale Kompetenzen auf, die durch das gelebte Miteinander von Inklusion bedingt sind. Erklären lassen sich die positiven Tendenzen anhand der Motivationsanreize, die durch leistungsstärkere Schüler*innen vermittelt werden, und mit einer größeren Offenheit und Akzeptanz gegenüber Leistungsheterogenität. Für den Forschungsschwerpunkt »Wohlbefinden und soziale Situation bzw. Akzeptanz« kommen mehrere Studien zu dem Ergebnis, dass im gemeinsamen Unterricht hohe Zufriedenheitswerte und eine weitgehend gute soziale Integration im Vergleich zur externen Förderung zustande kommt. Dazu tragen regelmäßige und umfangreiche Interaktion zwischen den Schüler*innen, geringe Ausprägung von Konkurrenz- und Leistungsdenken sowie geringe Stigmatisierungs- und Kategorisierungstendenz bei.

Generell lassen sich drei Anknüpfungspunkte der Forschung zur inklusiven Bildung unterscheiden (▶ Folie 4: Forschung Inklusive Bildung). Die drei Perspektiven leisten jeweils und gemeinsam entscheidende Beiträge zur Frage der inklusiven Schulentwicklung und des gemeinsamen Unterrichts.

2.1 Verstehbarkeit: Herausforderungen inklusiver Schulentwicklungsprozesse

- Die Integrationsforschung setzt sich mit der Integration von exkludierten Minderheiten oder marginalisierten Teilgruppen und deren besserer Integration in das allgemeine Bildungssystem auseinander.
- Die Exklusionsforschung arbeitet exklusionsorientierte Haltungen und exkludierende Praktiken heraus und macht diese sichtbar. Darunter fallen strukturelle, institutionalisierte Diskriminierungen und systematische Benachteiligungen, Praktiken und Handlungsweisen.
- Die Inklusionsforschung nimmt Heterogenität und Vielfalt im Bildungssystem und in der Gesellschaft in den Blick. Ziel ist die Herstellung einer Diversitätsorientierung, zu der sich jede*r zugehörig fühlt.

Im Hinblick auf eine internationale Perspektive für Inklusion arbeitet Engelbrecht (2014) heraus, dass in der Lehrerbildung weitgehend getrennte Ausbildungen für Regelschulen und für Förderschulen etabliert sind. Lehrkräfte werden somit nicht hinreichend für eine Arbeit in einem inklusiven Setting ausgebildet.

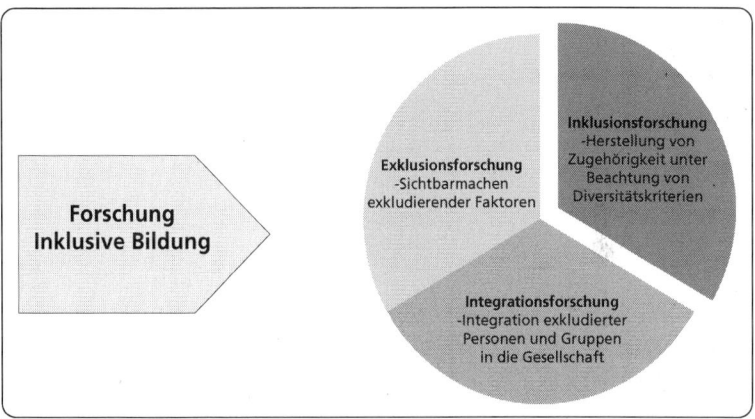

Folie 4: Forschung Inklusive Bildung

(c) Literatur z. B. für einen schulinternen Reader

European Agency for Development in Special Needs Education (EAFDISNE) (2012): Inklusionsorientierte Lehrerbildung: Ein Profil für inklusive Lehrerinnen und Lehrer. Odense: EAFDISNE.
Engelbrecht, P. (2014): International Perspectives on Teacher Education for Inclusion. In: Lichtblau et al. (Hrsg.), Forschung zu inklusiver Bildung (11–25). Bad Heilbrunn: Klinkhardt.
Erbring, S. (2015): Inklusive Schulentwicklung ressourcenorientiert gestalten. Pädagogik (12), 10–13.
Hinz, A. (2013): Inklusion – von der Unkenntnis zur Unkenntlichkeit!? - Kritische Anmerkungen zu einem Jahrzehnt Diskurs über schulische Inklusion in Deutschland. Zeitschrift für Inklusion 1. Online verfügbar unter http://inklusion-online.net/index.php/inklusion/index.
Schumacher, L. (2012): Wege zu einer guten gesunden Schule – Gesundheitsförderung durch Organisationsentwicklung. In: DAK-Gesundheit & Unfallkasse NRW (Hrsg.), Handbuch Lehrergesundheit – Impulse für die Entwicklung guter gesunder Schulen (97–128). Köln: Carl Link.

(d) Inklusion

Übung 9: Impulsreferat Inklusion (G/K)

Zeitumfang	Inhalt und Ziel	Didaktischer Kommentar
30 Min.	▶ Folie 5: Impulsreferat Inklusion/Definition Der Begriff ›Inklusion‹: Inklusion ist nicht nur ein schulisches, sondern ein gesellschaftliches Thema. Inklusion widerspricht unserem schulischen Paradigma, da Vielfalt im Schulsystem eher abgewertet wird. Für Schulen ist die Umsetzung von Inklusion deshalb eine große Herausforderung und erfordert das Arbeiten am und im Widerspruch. Zugleich liegt hier eine Chance, schulische Entwicklungen zum Wohle aller umzusetzen. Ziel ist die Vermehrung von Teilhabemöglichkeiten. Eine hilfreiche Methode	Mit dem Begriff Inklusion werden u. U. Ressentiments hervorgerufen und sofort Schwierigkeiten der Umsetzung assoziiert. Es kann darauf hingewiesen werden, dass man auch alternative Begriffe wie Teilhabe oder Heterogenität einsetzen kann.

2.1 Verstehbarkeit: Herausforderungen inklusiver Schulentwicklungsprozesse

Übung 9: Impulsreferat Inklusion (G/K) – Fortsetzung

Zeitumfang	Inhalt und Ziel	Didaktischer Kommentar
	der Umsetzung schulischer Inklusion ist der Abbau von Barrieren, die Teilhabe verhindern.	
	▶ Folie 6: Impulsreferat Inklusion/ UN-Deklaration Recht auf Bildung ▶ Folie 7: Impulsreferat Inklusion/ UN-Deklaration Bewusstseinsentwicklung Beispiele wichtiger Deklarationen der UNO: • 1948: Allgemeine Deklaration der Menschenrechte der UNO • 1959: Konvention der Kinderrechte Die UN-Behindertenrechtskonvention wurde im Dezember 2006 von der Generalversammlung der Vereinten Nationen in New York verabschiedet, inzwischen von 144 Staaten unterzeichnet und von 86 ratifiziert. Seitdem sind das Thema Inklusion und die Entwicklung eines inklusiven Schulsystems international sowie national verstärkt in der Diskussion. Für die Umsetzung schulischer Inklusion sind besonders Art. 24, Abs. 1 und 2 relevant, da hier eine bisher nicht gewährleistete Durchlässigkeit im Bildungssystem insbesondere für Menschen mit Behinderungen gefordert wird. In Art. 8, Abs. 1 wird deutlich, dass die Umsetzung von Inklusion auch Bewusstseinsbildung beinhaltet, da diskriminierende Haltungen und Vorurteile diesbezüglich als Barrieren wirksam werden.	Die UN Konvention sollte als Ausgangspunkt der schulischen Inklusionsentwicklung in Deutschland markiert werden. Nicht die ministeriellen Vorgaben oder ein Innovationsimpuls aus den Schulen waren demnach ausschlaggebend, sondern ein von Seite Betroffener eingefordertes Menschenrecht. Dieser Zusammenhang ist vielen Schulleitungen nicht bekannt und sollte deshalb nicht vorausgesetzt werden.

2 Inklusion als Prozess gestalten

Übung 9: Impulsreferat Inklusion (G/K) – Fortsetzung

Zeitumfang	Inhalt und Ziel	Didaktischer Kommentar
	▸ Folie 8: Impulsreferat Inklusion/ Schulische Perspektive Die Definition von Professor Tony Booth, langjähriger Inklusionsforscher der University of Cambridge, stellt eine sogenannte ›breite‹ Definition schulischer Inklusion zur Verfügung, die Heterogenität in den Blick nimmt und auf die Vorwegnahme sonderpädagogischer Kategorien bzw. Behinderungsmerkmale verzichtet. Der Vorteil von derart breit angelegten Definitionen ist, dass Schulentwicklungsprozesse an bestehenden Erfahrungen im Umgang mit Heterogenität ansetzen können. Somit gehen die mit der Umsetzung schulischer Inklusion einhergehenden Herausforderungen über Schulentwicklungsprozesse an der Einzelschule hinaus und zeigen eine Schulsystementwicklung an.	Eine breite Definition kann entlastend wirken, da nicht nur das ›Neue‹ und ›Fremde‹ in Bezug auf die Beschulung von Schüler*innen mit sonderpädagogischem Unterstützungsbedarf im Vordergrund steht, sondern auch bereits schulintern entwickelte Lösungen im Umgang mit Diversität (z. B. kulturelle, sprachliche Vielfalt) nutzbar werden. Weiterführende Literatur: M. Trautmann & B. Wischer (2011): Heterogenität in der Schule. Eine kritische Einführung. Wiesbaden: VS Verlag.
	▸ Folie 9: Impulsreferat Inklusion/Stolpersteine Einige Irritationen lassen sich konkret benennen, die die Umsetzung von schulischer Inklusion erschweren: So kursieren sowohl breite als auch eng gefasste Definitionen von Inklusion im Bildungsbereich, was die Kommunikation und die zielorientierte Schulentwicklung deutlich erschwert. Schulintern wird immer wieder ein Dilemma zwischen grundsätzlicher Bejahung und Zweifel an der Umsetzbarkeit an der eigenen Schule thema-	Auf bekannte Irritationen und Begrenzungen hinweisen, damit sich die Teilnehmenden verstanden und gesehen fühlen. Einige mühsame Argumentationen in der Seminargruppe können auf diese Weise in ihrer Brisanz entkräftet werden.

2.1 Verstehbarkeit: Herausforderungen inklusiver Schulentwicklungsprozesse

Übung 9: Impulsreferat Inklusion (G/K) – Fortsetzung

Zeitumfang	Inhalt und Ziel	Didaktischer Kommentar
	tisiert, was die Akteur*innen in eine Pattsituation versetzt. Überdies gibt es zahlreiche Kritikpunkte an der personellen, strukturellen und administrativen Unterstützung. Schulleitungen sorgen sich um die Qualität der Umsetzung und um das Wohlergehen des Kollegiums.	
	▶ Folie 10: Impulsreferat Inklusion/Chancen ▶ Folie 11: Impulsreferat Inklusion/Leitfragen Auch positive Entwicklungen lassen sich aufzeigen, so z. B. in den Fachdidaktiken und den Differenzierungsbänden von Schulbuchverlagen, hinsichtlich schulischer Tendenzen zur Individualisierung, vermehrtem kollegialem Problemlösen und der Verantwortungsübernahme für alle Schüler*innen im Selbstverständnis der Regelschule.	Insgesamt sollte während des Vortrags nicht diskutiert werden. Ein Unterbinden der Diskussion lässt sich gegenüber der Gruppe so begründen, dass die Gegenargumente ja bereits oft genug ausgetauscht wurden und hier ein ressourcenorientierter Ansatz gewählt wird.

Inklusion =

➢ Gesellschaftlicher Umgang mit Verschiedenheit von Menschen.
➢ Positiver Blick auf Heterogenität mit dem Ziel der Teilhabe.
➢ Blick auf Barrieren im System, nicht nur auf Individuen.

Folie 5: Impulsreferat Inklusion/Definition

> **UN-Menschenrechtskonvention über die Rechte von Menschen mit Behinderungen: Artikel 24 Bildung (Auszug)**
>
> (1) Die Vertragsstaaten anerkennen das Recht von Menschen mit Behinderungen auf Bildung. Um dieses Recht ohne Diskriminierung und auf der Grundlage der Chancengleichheit zu verwirklichen, gewährleisten die Vertragsstaaten ein integratives Bildungssystem auf allen Ebenen und lebenslange Fortbildung.
>
> (2) Bei der Verwirklichung dieses Rechts stellen die Vertragsstaaten sicher, dass Menschen mit Behinderungen nicht aufgrund von Behinderung vom allgemeinen Bildungssystem ausgeschlossen werden. […] Menschen mit Behinderungen innerhalb des allgemeinen Bildungssystems die notwendige Unterstützung geleistet wird, um ihre erfolgreiche Bildung zu erleichtern.

Folie 6: Impulsreferat Inklusion/UN-Deklaration Recht auf Bildung

> **UN-Menschenrechtskonvention über die Rechte von Menschen mit Behinderungen: Artikel 8 Bewusstseinsbildung (Auszug)**
>
> (1) Die Vertragsstaaten verpflichten sich, sofortige, wirksame und geeignete Maßnahmen zu ergreifen, um
> […] Klischees, Vorurteile und schädliche Praktiken gegenüber Menschen mit Behinderungen, einschließlich aufgrund des Geschlechts oder des Alters, in allen Lebensbereichen zu bekämpfen;
> […] das Bewusstsein für die Fähigkeiten und den Beitrag von Menschen mit Behinderungen zu fördern.

Folie 7: Impulsreferat Inklusion/UN-Deklaration Bewusstseinsentwicklung

2.1 Verstehbarkeit: Herausforderungen inklusiver Schulentwicklungsprozesse

---

Inklusion als Inklusive Schul-(System-)Entwicklung

»Inklusion […] ist keine Initiative, um einen Teilausschnitt der Erziehung einiger Kinder oder junger Menschen ein wenig zu modifizieren, sondern eine Strategie, um Bildung und Erziehung für alle zu überdenken und neu zu ordnen.«
(Booth & & Ainscow 2010)

Folie 8: Impulsreferat Inklusion/Schulische Perspektive

Irritationen rund um schulische Inklusion

➢ Inklusion ist im Bildungsbereich nicht eindeutig definiert. Vorherrschende Meinung ist, Inklusion beziehe sich auf Menschen mit Behinderung.
➢ In Schulen wird Inklusion als Menschenrecht bejaht, gezweifelt wird jedoch an der gelingenden Umsetzung im eigenen System (Amrhein 2011).
➢ Die Umsetzung schulischer Inklusion wird als ungeplant angeordnete und mit zu wenigen Ressourcen und Qualifizierungskonzepten ausgestattete Herausforderung im bereits hinreichend belasteten Schulalltag erlebt.
➢ Schulleitungen sorgen sich um die Qualität der Umsetzung und um das Wohlergehen des Kollegiums.

Folie 9: Impulsreferat Inklusion/Stolpersteine

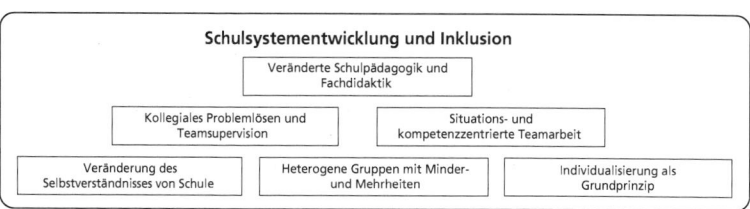

Folie 10: Impulsreferat Inklusion/Chancen

2 Inklusion als Prozess gestalten

Leitfragen zur inklusiven Schulentwicklung

➤ Überzeugung
➤ Verortung
➤ Herausforderungen
➤ Beispiele
➤ Ressourcen

Folie 11: Impulsreferat Inklusion/Leitfragen

(e) Phasenmodell Veränderung

Anhand des Phasenmodells der Veränderung (Roth 2000 in Hinz 2013; Erbring 2015) lässt sich die Umsetzung von Inklusion im zeitlichen Verlauf darstellen. Das Modell gibt Hinweise darauf, wie der Veränderungsprozess vor dem Hintergrund organisationaler Dynamiken ressourcenorientiert gestaltet werden kann. Phase 1 des Modells, welches von Vorahnung und Sorge gekennzeichnet ist, lässt sich zeitlich der Phase der Planung von schulischer Inklusion zurechnen, während die Phasen 2 bis 5 bereits die Realisierung umfassen. Die emotionalen Reaktionen dahinter reichen vom ersten Schock, über Abwehr und Ärgernis, bis hin zur rationalen und emotionalen Akzeptanz, die sich aber in Frustration und Trauer niederschlägt. Eher unproduktiven Phasen folgen produktivitätssteigernde Phasen (Phase 6 und 7), welche von Enthusiasmus und Selbstvertrauen geprägt sind. Vor dem Verharren in Phase 4 wird gewarnt.

Übung 10: Impulsreferat Phasenmodell Veränderung (T/G/K)

Zeitumfang	Inhalt und Ziel	Didaktischer Kommentar
30 Min.	▶ Folie 12: Impulsreferat Phasenmodell Veränderungen/Diagramm Das ›Phasenmodell der Veränderung‹ gibt Hinweise auf neuralgische Punkte in	Das Phasenmodell ermöglicht auf Leitungsseite die Verbalisierung zu emotionale

2.1 Verstehbarkeit: Herausforderungen inklusiver Schulentwicklungsprozesse

Übung 10: Impulsreferat Phasenmodell Veränderung (T/G/K) – Fortsetzung

Zeitumfang	Inhalt und Ziel	Didaktischer Kommentar
	schulischen Veränderungsprozessen und verdeutlicht, dass Abwehr zum Veränderungsprozess dazugehört. Als Prozessmodell zeigt deutlich, dass unterschiedliche Befindlichkeiten der Organisationsangehörigen zu erwarten sind. Auch werden Phasen von den einzelnen Personen unterschiedlich schnell oder langsam durchlaufen, so dass ein Kollegium diesbezüglich heterogen aufgestellt ist.	aufgeladenen innerschulischen Prozessen.
	1. Vorahnung und Sorge: Die politische Entscheidung der UN-Ratifizierung wurde an Schulen zu unterschiedlichen Zeitpunkten bekannt. Manche Schulleitungen und Lehrkräfte lesen die Neuigkeit in der Zeitung und fragen sich, ob und inwiefern die UN-Konvention mit der eigenen Arbeit an der Regelschule oder an der Förderschule im Zusammenhang stehen könnte. In der Schulverwaltung finden zeitgleich bereits die ersten Planungsgespräche zur Umsetzung von Inklusion statt.	Kann humorvoll kommentiert werden: Man hat darüber in der Zeitung gelesen – aber mit uns hat das doch nichts zu tun, oder?
	2. Schock und Schreck: Der Auftrag an Regelschulen, zukünftig Inklusion umzusetzen, hat sich zwar im Vorfeld angebahnt, wird jedoch subjektiv als sehr plötzlich eintreffend erlebt. Lehrkräfte an Förderschulen erwarten die Auflösung ihrer Schulen. Der im Modell verzeichnete Abfall der Systemleistung zeigt sich an allen Schulen über die Schulformen hinweg.	

2 Inklusion als Prozess gestalten

Übung 10: Impulsreferat Phasenmodell Veränderung (T/G/K) – Fortsetzung

Zeitumfang	Inhalt und Ziel	Didaktischer Kommentar
	3. Abwehr und Ärger: In dieser Phase wendet man sich dem ›Alten‹ zu und folgt der Überzeugung, das ›Neue‹ könne abgewehrt werden, indem der Mehrwert des ›Alten‹ gegenüber dem ›Neuen‹ deutlich gemacht wird. Es kommt an vielen Regelschulen zu einer deutlichen Distanzierung zum Thema Inklusion. Förderschulen dagegen werben vermehrt um Schüler*innen für ihre Schulen. Im Modell wird in dieser Phase ein Ansteigen der Systemleistung angezeigt: Viel Energie wird investiert, um den Mehrwert des ›Alten‹ gegenüber dem ›Neuen‹ zu demonstrieren.	Hier kann auch im Plenum zunächst die Frage gestellt werden, wie man sich möglicherweise den Anstieg der Systemleistung im Modell erklärt.
	4. Rationale Akzeptanz und Frustration: Da das Thema Inklusion nicht verschwindet und alle Mühe irgendwann vergebens scheint, setzt nun ein Prozess rationaler Akzeptanz ein. Vermehrt werden Strategien verfolgt, die die Regelschulen im Sinne der Inklusion verändern sollen. Dabei wird Inklusion häufig als Desegregation verstanden: Die neuen Schüler*innen sollen sich der Schule anpassen, nicht umgekehrt. Im Modell wird das Nachlassen der Systemleistung deutlich, was sich auch an Schulen, in Gesprächen und in Fachartikeln zeigt. Die Frage nach personellen Ressourcen wird drängend, teilweise werden diese durch Gutachten zur Feststellung sonderpädagogischen Förderbedarfs erwirkt.	Hinweis auf Statistiken von Klemm möglich, der den Anstieg der Förderquoten nachgewiesen hat.

2.1 Verstehbarkeit: Herausforderungen inklusiver Schulentwicklungsprozesse

Übung 10: Impulsreferat Phasenmodell Veränderung (T/G/K) – Fortsetzung

Zeitumfang	Inhalt und Ziel	Didaktischer Kommentar
	5. Emotionale Akzeptanz und Trauer: Die Systemleistung gelangt an ihren Tiefpunkt. Nun findet der Abschied vom ›Alten‹ statt. Wie im Modell angezeigt, ist anschließend an diese Phase ein guter Zeitpunkt für die Einführung der institutionellen Neuerung. An vielen Schulen wurde mit der Umsetzung bereits lange vorher begonnen – allerdings eher mit der Umsetzung von Desegregation als mit der Umsetzung von Inklusion.	
	6. Öffnung, Neugier, Enthusiasmus: Die intensive Auseinandersetzung mit dem ›Neuen‹ findet statt. Der Inklusion werden nun auch positive Aspekte abgewonnen. Die Systemleistung steigt wieder an. Dies ist in Deutschland bisher noch kaum zu beobachten. Angebote zur inklusiven Schulentwicklung sind in dieser Phase gut platziert. Trotzdem sind Frustrations- und Ermüdungsphasen erwartbar (Absinken der Systemleistung).	Hinweis darauf, dass in Fortbildungen oftmals davon ausgegangen wird, die Teilnehmenden seien bereits an diesem Punkt (sind aber höchstens in Phase 2–4).
	7. Integration und Selbstvertrauen: In dieser Phase findet eine integrierende Verbindung des ›Alten‹ und des ›Neuen‹ statt. Es wird erkannt, wie die eigenen Fähigkeiten und das eigene Vorwissen zur Umsetzung von Inklusion eingebracht werden können. Die Systemleistung gewinnt ein höheres Niveau als in der Ausgangslage – auch dies ist in Deutschland im Moment noch kaum zu beobachten.	

2 Inklusion als Prozess gestalten

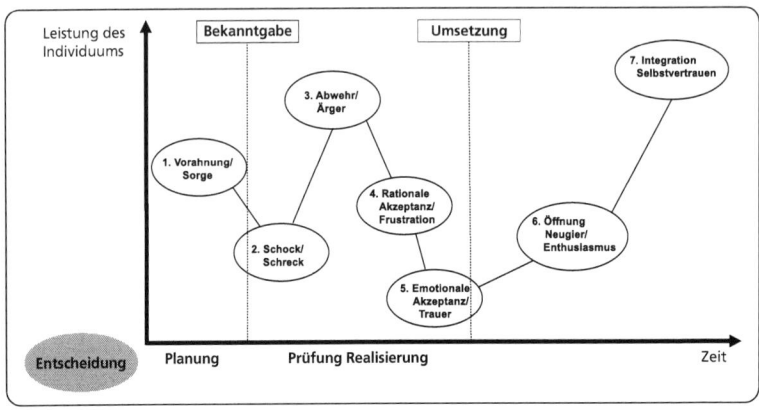

Folie 12: Impulsreferat Phasenmodell Veränderungen/Diagramm

(f) Phasenmodell

Die nachfolgenden Übungen eigenen sich zur vertiefenden Auseinandersetzung und Anwendung mit dem Phasenmodell der Veränderung. Die verwendeten Arbeitsblätter finden sich jeweils am Ende der Darstellung der entsprechenden Arbeitsphasen.

Übung 11: Arbeitsphase Phasenmodell (G/K)

Zeitumfang	Inhalt und Ziel	Didaktischer Kommentar
10 Min.	▸ Arbeitsblatt 2: Arbeitsphase Phasenmodell Einzelarbeitsphase zur Verortung im Modell: Das Arbeitsblatt verteilen und die Möglichkeit geben, sich selbst und das Kollegium im Modell zu verorten.	Manchmal sehen sich Teilnehmer*innen in mehreren Phasen verortet.
15 Min.	Austausch mit den direkten Sitznachbar*innen zur Beschreibung des Ist-Zustands.	Nur Beschreibung des Ist-Zustands, es sollen noch keine Lösungsmöglichkeiten gesucht werden.

2.1 Verstehbarkeit: Herausforderungen inklusiver Schulentwicklungsprozesse

Übung 11: Arbeitsphase Phasenmodell (G/K) – Fortsetzung

Zeitumfang	Inhalt und Ziel	Didaktischer Kommentar
15 Min.	▶ Arbeitsblatt 2: Arbeitsphase Phasenmodell Das Modell auf ein Flipchart zeichnen und Klebepunkte verteilen. Das Flipchart zum Kleben vom Plenum wegdrehen, so dass der eigene Punkt anonym geklebt werden kann (z. B. während einer Pause). Das Ergebnis kann später gemeinsam betrachtet werden.	Den Hinweis geben, dass das Punktebild für die Gruppe aufschlussreich sein kann. Die Teilnahme ist natürlich freiwillig.

Arbeitsblatt 2: Arbeitsphase Phasenmodell

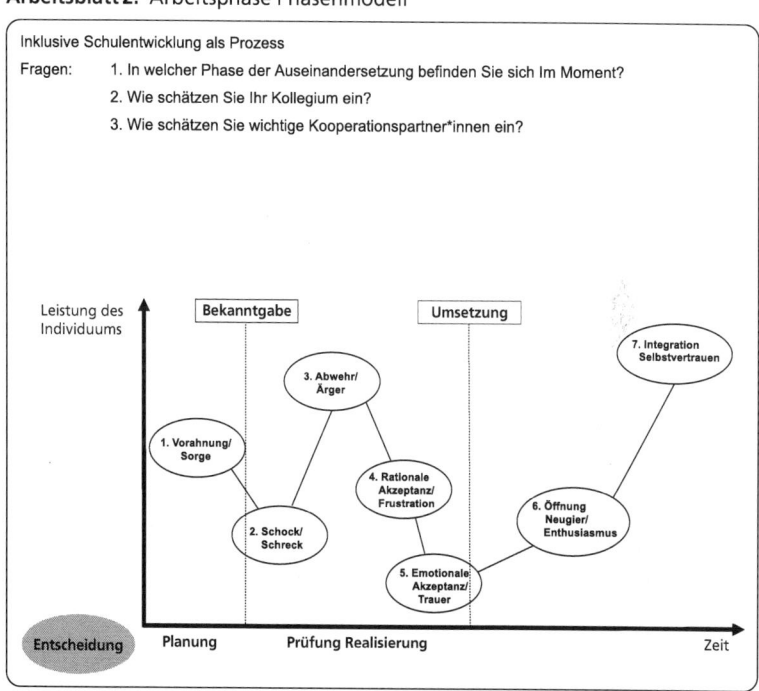

2 Inklusion als Prozess gestalten

(g) Unterstützungsmöglichkeiten in Veränderungsprozessen

Übung 12: Arbeitsphase Unterstützungsmöglichkeiten in Veränderungsprozessen (G/K)

Zeitumfang	Inhalt und Ziel	Didaktischer Kommentar
30 Min.	▸ Arbeitsblatt 2: Arbeitsphase Phasenmodell ▸ Arbeitsblatt 3: Arbeitsphase Unterstützungsmöglichkeiten in Veränderungsprozessen Unterstützungsmöglichkeiten in verschiedenen Phasen: Welche Unterstützungsmöglichkeiten benötigen schulische Akteur*innen in verschiedenen Phasen des Veränderungsprozesses?	Die Gruppe so verteilen, dass die Phasen 3, 4 und 5 auf jeden Fall bearbeitet werden (frei wählen lassen). Dazu die Arbeitsblätter verteilen und in Gruppen bearbeiten lassen.
45 Min.	Präsentation der Ergebnisse im Plenum als »Best Case«: Wenn die Phase optimal unterstützt würde …	Keine langen Diskussionen über »Worst Case« zulassen (Hinweis auf Steckenbleiben in Phase 4). Den Arbeitsgruppen ggf. das Arbeitsblatt mit Anregungen geben.

Arbeitsblatt 3: Arbeitsphase Unterstützungsmöglichkeiten in Veränderungsprozessen

Phase	Indikatoren	Entwicklungsrichtung	Unterstützungsmöglichkeit
3. Ärger	Verteidigung des ›Alten‹, hohe Leistungsfähigkeit	Keine Pro-Kontra-Diskussion, Darstellung von Erfolgen	
4. Trauer	Rückschau auf das ›Alte‹,	Würdigung des ›Alten‹, Beziehungen stärken	

Phase	Indikatoren	Entwicklungsrichtung	Unterstützungsmöglichkeit
5. Neugier	Energieverlust Abschied Wechselnde Befindlichkeiten, Energie, plötzliche Energieverluste	Experimentieren, Übergangslösungen, Flexibilität	

2.2 Bedeutsamkeit: Ambivalenzen über Inklusion an der eigenen Schule

(a) Ambivalenzmanagement als Gelingensfaktor für schulische Inklusion

In der jüngsten Zeit haben viele Dokumente und Bildungsberichte Bedingungs- und ›Gelingensfaktoren‹ für inklusive Bildung in die Öffentlichkeit getragen. Herausgestellt werden insbesondere notwendige Fähigkeiten, Wissen, Verständnis und angemessene Einstellungen. Zusammenfassend ist die Wertschätzung von Diversität zu nennen, die Bereitschaft, für alle Schüler*innen Verantwortung zu übernehmen, in Teamarbeit tätig zu sein und nützliche Kooperationen einzugehen und sich professionell weiterzubilden. Die Entstehung von Ambivalenzen sind im schulischen Inklusionsprozess als wertvoll zu bewerten, indem sie den reflexiven Diskurs zwischen dem ›Alten‹ und dem ›Neuen‹ eröffnen und eine Entwicklung zulassen.

Der Einsatz der nachfolgenden Methoden eignet sich, um die Bedeutung von Inklusion und die Betrachtung als reflexiven Prozess herauszuarbeiten.

(b) Bildimpuls Seiltänzer

Übung 13: Arbeitsphase Bildimpuls Seiltänzer (E/T/G/K)

Zeitumfang	Inhalt und Ziel	Didaktischer Kommentar
15 Min.	▶ Folie 13: Bildimpuls Seiltänzer Seiltänzer als ›Stummer Impuls‹: Kommentare, was das Bild mit der Qualifizierung zu tun hat.	Den Teilnehmenden die Möglichkeit geben, sich einander zu öffnen und eigene Gefühle zur Sprache zu bringen.

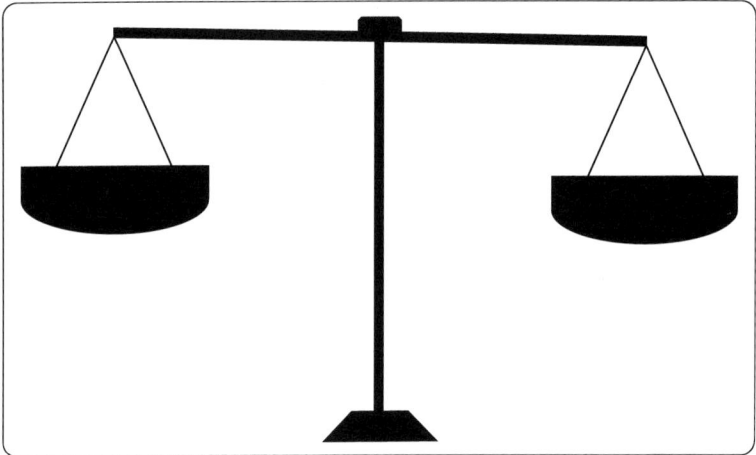

Folie 13: Bildimpuls Balance

2.2 Bedeutsamkeit: Ambivalenzen über Inklusion an der eigenen Schule

(c) Inneres Team zur Inklusion

Übung 14: Arbeitsphase Inneres Team zur Inklusion (E/T/G/K)

Zeitumfang	Inhalt und Ziel	Didaktischer Kommentar
30 Min.	Gespräche über das »Innere Team«: Zugang zu eigenen inneren Kontroversen und Ambivalenzen Arbeitsauftrag: Füllen Sie Ihr »inneres Team« mit Ihren aktuellen Stimmen und Impulsen zur Inklusion aus. Tauschen Sie sich anschließend mit Ihrem*r Sitznachbar*in aus.	Beispiele für innere Stimmen geben (▶ Folie 14: Inneres Team zur Inklusion/Beispiel, ▶ Folie 15: Inneres Team zur Inklusion/Motivvorlage zum Ausfüllen) und akzeptierende Haltung ausstrahlen. Es sollen in jedem Fall sowohl kritische als auch positive Impulse formuliert werden.

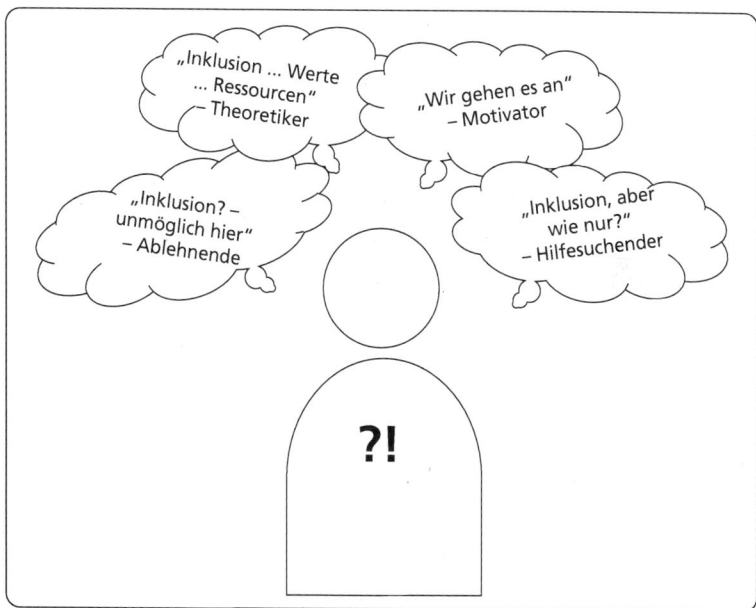

Folie 14: Inneres Team zur Inklusion/Beispiel

2 Inklusion als Prozess gestalten

Folie 15: Inneres Team zur Inklusion/Motivvorlage zum Ausfüllen

(d) Eigene Verortung zur Inklusion

Übung 15: Arbeitsphase Eigene Verortung zur Inklusion (E/T/G/K)

Zeitumfang	Inhalt und Ziel	Didaktischer Kommentar
60 Min.	Potenziale, Ressourcen und Herausforderungen im Kontext von inklusiver Schulentwicklung: ▸ Arbeitsblatt 4: Eigene Verortung zur Inklusion Mithilfe des Arbeitsblattes »Inklusive Schulentwicklung« wird den Teilnehmenden die Möglichkeit gegeben, die eigene Grundhaltung zu bestimmen und die eigene Schule im Hinblick auf die Umsetzung von Inklusion zu verorten.	Das Arbeitsblatt 4 »Eigene Verortung zur Inklusion« wird zunächst in Einzelarbeit ausgefüllt. Anschließend wird der Austausch mit den Tandempartner*innen angeregt. Abschließend stellen sich die schulbezogenen Teams im Plenum vor (hier sollen positive Beispiele, aktuelle Herausforderungen und bereits genutzte Ressourcen genannt werden).

2.2 Bedeutsamkeit: Ambivalenzen über Inklusion an der eigenen Schule

Arbeitsblatt 4: Eigene Verortung zur Inklusion

Überzeugung	Kommentar
Welche Auffassung über Inklusion besteht in Ihrem Team/Kollegium?	
Wie kann erreicht werden, dass eine hohe Anzahl der Mitwirkenden (Lehrer*innen, Schüler*innen, Eltern ...) sich beteiligen können?	

Verortung	Kommentar
Ist Inklusion ein Bestandteil der Schulentwicklung an Ihrer Schule und wie ist es dort verortet?	
Welche Möglichkeiten gibt es Inklusion in den Steuerungsbereichen (Gremien ...) als Schulentwicklungsthema zu etablieren?	

Herausforderungen	Kommentar
Gibt es an Ihrer Schule Stolpersteine, die Teilhabe erschweren bzw. verhindern?	
Wurden diese Stolpersteine erkannt und gibt es Lösungsansätze, um mehr Teilhabe zu ermöglichen?	

Beispiel für Inklusion	Kommentar
Gibt es Beispiele an Ihrer Schule, wie sich Inklusion zeigt und die von Ihnen als positiv bewertet werden?	
Wie wird es umgesetzt? Können die Stolpersteine beseitigt werden?	

Ressourcen	Kommentar
Können vorhandene Ressourcen für das Verwirklichen von Inklusion an Ihrer Schule genutzt werden? Gibt es Ressourcen, die für die Zukunft wünschenswert wären?	

2.3 Machbarkeit: Erfolg in kleinen Schritten

(a) Inklusion als U-Prozess

Im Zuge inklusiver Schul- und Unterrichtsentwicklung fühlen sich Schulleitungen häufig unter Druck gesetzt und auf die Herausforderungen unzureichend vorbereitet. Dementsprechend gehen Lehrkräfte dabei oftmals an ihre Belastungsgrenzen und gefährden ihre Gesundheit. Um dieser Entwicklung entgegenzuwirken und ihr vorbeugen zu können, müssen Lösungen gefunden werden, die für alle Beteiligten wirken. Als Lösungsansatz zeigt Erbring (2015) eine sowohl individuelle als auch kollegiale und systemische Ressourcennutzung auf. Mit dem Durchlaufen der Schritte im U-Prozess inklusiver Schulentwicklung (▶ Folie 16: Inklusion als U-Prozess) gelingt das Einnehmen einer lösungsorientierten Haltung. Zunächst gehört die ressourcenorientierte Erfassung der Ausgangssituation dazu, in der die Situation der Beteiligten dargestellt und eine Ist-Analyse der momentanen Situation vorgenommen wird. Dabei sollen vor allem die Stärken und Fähigkeiten herausgestellt werden, um diese zukünftig als Ressourcen nutzen zu können. Diese Aspekte bewegen sich eher im allgemeinen Spektrum des Schulumfeldes. Deshalb sollte ein weiterer Fokus auf das Verständnis von sonderpädagogischer Förderung, und inwieweit dieses fördernd oder eher segregierend wirkt, gelegt werden.

2.3 Machbarkeit: Erfolg in kleinen Schritten

Dadurch kann allen Beteiligten bewusstwerden, an welchen pädagogischen und didaktischen Gedanken sie sich orientieren können, um inklusiven Unterricht und inklusive Schulkultur angemessen zu etablieren. Mit diesem Hintergrundwissen und der Offenlegung der Problemstellen befinden sich die Schulen am Scheitelpunkt ihres Prozesses, an dem sich der Übergang von der Problemtrance in die Lösungsorientierung befindet. Das Herauslösen aus der Problemtrance eröffnet den Weg, inklusive Schulentwicklung lebbar und umsetzbar zu machen. Wenn die bisherigen Schritte der inklusiven Schulentwicklung erfolgreich abgeschlossen wurden, kann hier das Einnehmen einer lösungsorientierten Haltung gelingen. Diese führt dann zwangsläufig zu einem Umdenken, weg vom defizitorientierten Fördergedanken hin zum inklusiven Miteinander, in dem Teilhabe ermöglicht und Barrieren abgebaut werden. Im nächsten Schritt kann sich eine Schule vom Ist- zum Soll-Zustand entwickeln. Dabei haben Teamorientierung und Kooperation Priorität. In den gemeinsamen Prozess sollen möglichst auch regionale Netzwerke einfließen. Dadurch und durch den gemeinsamen Prozess, der am Ende der Entwicklung stehen soll, werden sowohl bei den Lehrkräften als auch bei den Schulleitungen motivationale Kraftquellen freigesetzt, die eine Weiterarbeit im inklusiven Kontext möglich machen.

(b) Inklusion in sieben Schritten

Übung 16: Impulsreferat Inklusion in sieben Schritten (G/K)

Zeitumfang	Inhalt und Ziel	Didaktischer Kommentar
30 Min.	▶ Folie 16: Inklusion als U-Prozess 1. Von der Vorwurfshaltung zur Beteiligung – die Situation der Beteiligten: »Wir werden gesehen und gehört.« Den Austausch zum Thema Inklusion nicht den Gesprächen im Lehrerzimmer überlassen, sondern die Beteiligten in	Das Verhältnis der sieben Schritte zum Phasenmodell der Veränderung kann so gelesen werden: Die im Phasenmodell thematisierte emotionale Seite des Veränderungsprozesses wird im ersten Schritt (Situation der Beteiligten) berücksichtigt.

Übung 16: Impulsreferat Inklusion in sieben Schritten (G/K) – Fortsetzung

Zeitumfang	Inhalt und Ziel	Didaktischer Kommentar
	einen professionell moderierten Austausch einladen, so dass die Situation der Beteiligten in den Schulentwicklungsprozess einbezogen wird. Das Gegenwärtige ins Blickfeld zu nehmen, stellt den Anstoß für Veränderungs- und Entwicklungsprozesse dar.	
	2. Vom Defizit auf die Ressource blicken – Ist-Analyse von Kompetenzen: »Was können wir? Das können wir!«	Hier betonen, dass sich IST auf das Vorhandene bezieht, also auf alle Potentiale und Erfahrungen der Schule.
	Auf Erfolge und Ressourcen zu blicken statt auf Probleme und Misserfolge ist an vielen Schulen unüblich. Beim Erstellen der Ist-Analyse sollen die Berührungspunkte von Inklusion mit den zentralen innerschulischen Themen und dem bestehenden Schulprofil herausgearbeitet werden. Zur ressourcenorientierten Ist-Analyse gehört auch, dass bestehende Gruppenidentitäten (z. B. in Jahrgangsstufen oder in Fachgruppen) aufgegriffen, gestärkt und als Schulentwicklungsressource genutzt werden. Darüber hinaus stellt es eine Form der Wertschätzung dar und hebt die Machbarkeit einer inklusiven Schule hervor, indem alle Beteiligten ihren eigenen Weg finden.	
	3. Von der Sonderschulbedürftigkeit zur Vielfalt – Leitgedanken zum System sonderpädagogischer Förderung: »Wir sehen Vielfalt als Teil unserer Haltung.«	Dies bedeutet, dass die Zukunft nicht bekannt ist und Inklusion in der eigenen Schulzeit kaum erfahren wurde.

2.3 Machbarkeit: Erfolg in kleinen Schritten

Übung 16: Impulsreferat Inklusion in sieben Schritten (G/K) – Fortsetzung

Zeitumfang	Inhalt und Ziel	Didaktischer Kommentar
	Die meisten Lehrkräfte sind mit der Erfahrung aufgewachsen, dass Schüler*innen mit Lernschwierigkeiten oder anderen diagnostizierten Beeinträchtigungen an Förderschulen unterrichtet werden (müssen). Gemeinsame Verantwortlichkeiten zu entwickeln stellt im Übergang zu einem inklusiven Schulsystem eine Herausforderung dar. Dazu gehört auch, die Vielfalt der Fähigkeiten und Begabungen der Lehrkräfte und weiterer Beteiligter hinsichtlich inklusiver Unterrichtsentwicklung entsprechend zu fördern.	
	4. Von der Problem- zur Lösungsorientierung – aus der Problemtrance zur Lösungsfindung: »Die Lösung und das Problem liegen nicht gemeinsam auf der Hand.«	Hinweis auf Problemtrancen, die während der Veranstaltung beobachtet wurden.
	Aus systemischer Sicht werden Lösungen außerhalb von Problemkontexten gefunden. Erst mit dem Verlassen des tranceartigen Zustandes, der angesichts ungelöster Probleme erlebt wird, werden Lösungsfindungsprozesse eingeleitet. Akzeptanz und Kompetenz wirken leitend. Sie lassen Defiziterleben und Veränderungsdruck in den Hintergrund treten.	
	5. Von der Behinderung zur Teilhabe – Leitgedanke Inklusion: »Wie können wir Teilhabe ermöglichen und Barrieren abbauen?«	Hier kann auch nach einzelnen Visionen der Schulen gefragt werden.

2 Inklusion als Prozess gestalten

Übung 16: Impulsreferat Inklusion in sieben Schritten (G/K) – Fortsetzung

Zeitumfang	Inhalt und Ziel	Didaktischer Kommentar
	Lösungsorientiert betrachtet wird das Thema Inklusion zu einer Möglichkeit, schulische Teilhabemöglichkeiten zu verbessern und bestehende Barrieren zum Wohle aller abzubauen. Inklusion bezieht sich demnach nicht nur auf Unterrichtsfragen, sondern auch auf das gesamte schulische Miteinander.	
	6. Vom sonderpädagogischen Förderbedarf zum situationsbedingten Unterstützungsbedarf – Soll-Konzept mit Situationsbezug: »Wie sehen wir uns in unserer Profession? Wie schätzen wir den Nutzen und die Umsetzbarkeit ein?«	Interessantes Beispiel aus Kanada: Hier spricht man weniger vom Unterstützungsbedarf der Schüler*innen als vom Unterstützungsbedarf der Lehrkräfte in bestimmten Unterrichtssituationen.
	Ein inklusives Schulsystem ist vom situationsbedingten Unterstützungsbedarf bestimmt. Statt der pauschalen Zuweisung von Personal in Anbetracht bestimmter Diagnosen erfordert die Inklusion demnach flexibel nutzbare Unterstützungssysteme und innerschulische Kooperationen, z. B. Materialpools, klassen-/jahrgangsübergreifende Gruppen, Doppelbesetzung und Teamstrukturen, spezielle Förderkonzepte im Fachunterricht, Differenzierungsräume mit Aufsichten etc. Lehrkräfte treten aus ihren rein fachlich definierten Rollen heraus. Dadurch werden motivationale Ressourcen freigesetzt, zudem findet ein Kompetenztransfer im Kollegium einer Schule statt.	

2.3 Machbarkeit: Erfolg in kleinen Schritten

Übung 16: Impulsreferat Inklusion in sieben Schritten (G/K) – Fortsetzung

Zeitumfang	Inhalt und Ziel	Didaktischer Kommentar
	7. Von der Abgrenzung zu regionalen Netzwerken – gemeinsamer Prozess: »Das Wir stärkt.« Durch regionale Fortbildungen und Arbeitskreise mit Möglichkeiten zur interdisziplinären Zusammenarbeit öffnen sich Schulen und bauen Kontakte und Kooperationen zu Beratungsstellen und Fachdiensten, Jugend- und Sozialämtern auf. Dies erspart die zeitaufwändige Suche nach Ansprechpartner*innen und bietet die Möglichkeit, die Netzwerke von Förderschulen in Regelschulen zu überführen.	Ein wichtiger Hinweis kann hier sein, dass die Netzwerke der Förderschulen zu übernehmen sind, solange sie noch aktiv sind.

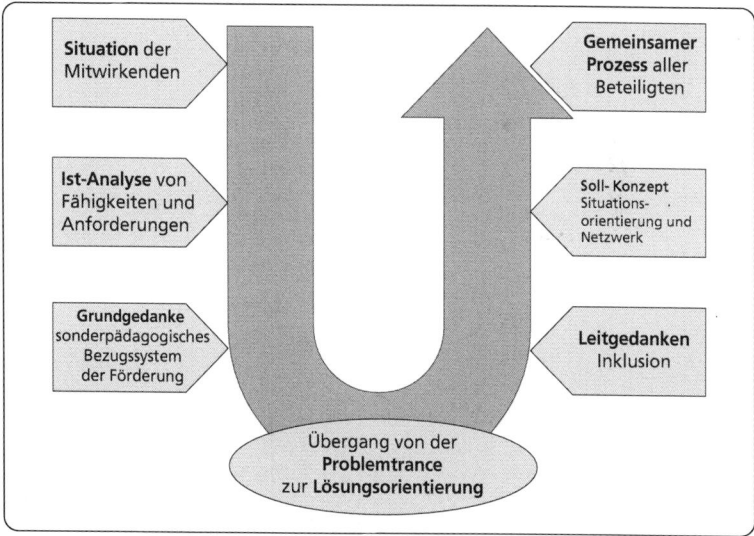

Folie 16: Inklusion als U-Prozess

(c) Projektplanung

Ein Projekt bietet die Möglichkeit einer intensiven Auseinandersetzung von Beginn des Sichtbarwerdens einer Problemstellung über die Planung, Umsetzung und Messung, Inklusion als eigenen Weg und Prozess an der Schule sichtbar werden zu lassen.

Übung 17: Impulsreferat Projektplanung (G/K)

Zeitumfang	Inhalt und Ziel	Didaktischer Kommentar
10 Min.	Impulsreferat: Schulentwicklungszirkel (z. B. in Schumacher 2012 oder ▶ Folie 17: Impulsreferat Projektplanung/Schulentwicklungszirkel) vorstellen und auf Inklusion beziehen – Problemerkennung, Organisationsdiagnose, Ziele setzen/Maßnahmen planen, Maßnahmen durchführen, Erfolgskontrolle	Dies lässt sich verstehen als Einbettung der Skalenmethoden und den vorausgegangenen Fragen in die Projektplanung zur inklusiven Schulentwicklung.
20 Min.	Projektplan: Nun besteht die Möglichkeit aus dem vorangegangenen Austausch ein übergeordnetes Ziel der Umsetzung von Inklusion an der Einzelschule zu bestimmen. Auch sollte der eigene Vorschlag zum ›nächsten Schritt‹ überarbeitet und angepasst werden.	Austausch in schulbezogenen Tandems
30 Min.	Kurzpräsentation der Einzelschulen im Plenum (Projekttitel und nächster Schritt)	Dokumentation ist wichtig (z. B. Fotoprotokoll)

2.3 Machbarkeit: Erfolg in kleinen Schritten

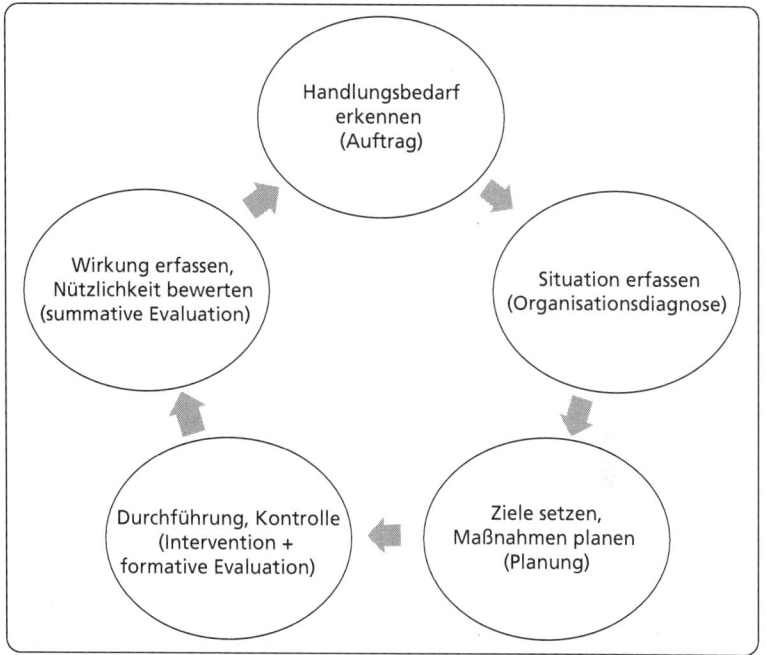

Folie 17: Impulsreferat Projektplanung/Schulentwicklungszirkel

(d) Einsatz schulischen Projekt- und Prozessmanagements

Geeignet ist hier die Survey-Feedback-Methode (▶ Folie 18: Survey-Feedback-Methode), die mit einer zyklischen Abfolge von verschiedenen Prozessen eine zielgerichtete, systematische und positive Entwicklung hervorrufen kann: In der Vorbereitungsphase werden zunächst die Startbedingungen geklärt und der Ressourcenbedarf geprüft, woraufhin dann in der Initiierungsphase die Ziele bestimmt und Veränderungsbereitschaft erzeugt wird. Die dritte Phase, die als Diagnosephase gekennzeichnet ist, setzt sich mit den Stärken und Handlungsbedarfen und deren Sichtbarwerdung auseinander, während in der Interventions-/Veränderungsphase anschließend wirklich Lösungen, die positive Ergebnisse erzielen sollen, entwickelt werden. Nun

2 Inklusion als Prozess gestalten

werden die Ergebnisse gesichert und bewertet. Wenn sie positiv sind, können sie in die Routine übernommen werden, wenn sie negativ sind, werden sie verworfen oder es wird weiter daran gearbeitet. Abschließend werden in der Evaluation/Stabilisierungsphase die Erfolge gemessen und gesichert. Dabei sollte sich herausstellen, dass eine Diagnose des Ist-Zustandes immer sehr wichtig ist, um auch Stärken-/Schwächen-Profile für die Schulen zu erstellen und gezielte Hinweise für Ansatzpunkte zur Förderung von Leistung und Gesundheit geben zu können. Des Weiteren ist es unabdingbar, eine Steuergruppe einzurichten, die die Steuerung des Schulentwicklungsprozesses übernimmt. Wenn es sich anbietet, können auch noch zusätzliche Kooperationen mit anderen Schulen eingegangen werden oder eine externe wissenschaftliche Begleitung hinzugezogen werden, so dass bei beiden Möglichkeiten nochmal ein externer Input dazukommt. Bei Berücksichtigung all dieser Faktoren, die das Organisationsstrukturmodell aufweist und mit sich bringt, kann dafür gesorgt werden, dass Schulen Entwicklungsprozesse eingehen, die ihnen dazu verhelfen, effektiver und gesünder zu werden.

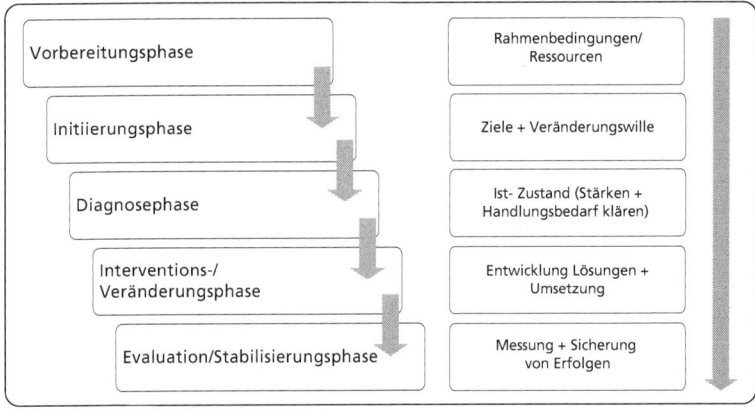

Folie 18: Survey-Feedback-Methode

(e) Der Weg vom Ist zum Soll

Übung 18: Arbeitsphase Der Weg vom Ist zum Soll (G/K)

Zeitumfang	Inhalt und Ziel	Didaktischer Kommentar
70 Min.	▶ Arbeitsblatt 5: Der Weg vom Ist zum Soll/Skala Inklusion Bestimmung von Ist-Zustand und Soll-Zustand bezüglich der eigenen Schule	Hilfestellung zur Umsetzung von Inklusion in der Schule, Hervorhebung von Handlungsbedarfen Angebot zum Austausch in verschiedenen Gruppen: Schulische Tandems, Schulformgruppen, Regionalgruppen, Statusgruppen
	Die Zahlenskala 1–10 wird entlang einer Linie auf dem Fußboden ausgelegt. 1 bedeutet schwach ausgeprägt/wenig, 10 bedeutet stark ausgeprägt/viel. Die Teilnehmenden werden aufgefordert, sich zu den gestellten Fragen jeweils auf der Skala zu positionieren. Im Anschluss an die erste Frage wird ein offener Austausch moderiert (Wer möchte etwas sagen?). Im Anschluss an jede weitere Frage werden die Teilnehmenden gebeten, sich Notizen auf farbige Moderationskarten ohne Austausch untereinander zu notieren (gelb, grün, rosa, weiß).	Wichtig ist, dass hier die Heterogenität der Gruppe und die Breite des Themas verdeutlicht werden. Es sollte mehrfach darauf hingewiesen werden, welche Chancen für den Austausch die Unterschiedlichkeit innerhalb der Gruppe und innerhalb der schulbezogenen Tandems für die schulischen Entwicklungsprozesse bietet.
	Wo sehe ich meine Schule momentan, wenn 10 die erfolgreiche Umsetzung von Inklusion darstellt?	Moderierter Austausch im Plenum
	Wie stelle ich mir meine Schule als 10 vor?	Gelbe Moderationskarten für Notizen
	Was steht als nächstes an?	Rosa Moderationskarten für Notizen
	Was haben wir schon geschafft?	Grüne Moderationskarten für Notizen

2 Inklusion als Prozess gestalten

Übung 18: Arbeitsphase Der Weg vom Ist zum Soll (G/K) – Fortsetzung

Zeitumfang	Inhalt und Ziel	Didaktischer Kommentar
	Wie kommen wir beim nächsten Schritt weiter?	Weiße Moderationskarten für Notizen
20 Min.	Austausch in Kleingruppen zu den Notizen	Schulbezogene Tandems
10 Min.	Austausch in Kleingruppen zu den Notizen	Schulformgruppen
10 Min.	Austausch in Kleingruppen zu den Notizen	Regionalgruppen
10 Min.	Austausch in Kleingruppen zu den Notizen	Statusgruppen

Arbeitsblatt 5: Der Weg vom Ist zum Soll/Skala Inklusion

Inklusion von 1 bis 10

➢ Wo stehen Sie als Schule? (Wie haben Sie gemessen? – an 10, 1 oder 5?)
➢ Wie stellen Sie sich Ihre Schule als 10 vor?
➢ Was haben Sie schon geschafft?
➢ Was steht als nächstes an?
➢ Wie kommen Sie in diesem Schritt weiter?

3 Inklusive Unterrichtsentwicklung gestalten

3.1 Verstehbarkeit: Unterrichtsinhalte und Förderschwerpunkte im systemischen Verständnis

(a) Behinderung aus systemisch-pädagogischer Sicht

Aufgrund der Umsetzung von Inklusion verändern sich die theoretischen Zugänge und auch das öffentliche Bewusstsein in Bezug auf das Phänomen Behinderung. Gesundheitseinschränkungen und Behinderungen werden heute als Prozess und zugleich als Ergebnis im Zusammenspiel von Umwelt und Individuum gesehen. Im aktuellen Verständnis der WHO, der »International Classification of Functioning, Disability and Health«, kurz ICF (2001), wird ein ressourcenorientiertes Grundverständnis von Gesundheit und Krankheit vertreten (WHO 2013). So wird auf Begriffe wie Schädigung, Behinderung oder Benachteiligung verzichtet und stattdessen Körperstruktur und Körperfunktionen beschrieben und insbesondere auf mögliche Aktivitäten und Teilhabemöglichkeiten fokussiert. Ob und inwiefern ein Gesundheitsproblem besteht, wird aus der Beurteilung dieser und weiterer Aspekte erst situationsspezifisch abgeleitet. Kontextfaktoren wie Technologien und medizinische Hilfsmittel, aber auch soziale Unterstützung und Beziehungen sowie persönliche Faktoren wie Bewältigungsstile und biografische Faktoren spielen eine wesentliche Rolle.

(b) Umgang mit Diagnosen im Schulkontext

Der systemische Umgang mit Diagnosen hat für die inklusive Schulentwicklung eine zentrale Bedeutung. Systemische Sichtweisen in der pädagogischen Arbeit eröffnen viele Einflussmöglichkeiten durch Kontextveränderung. Per se ist an der Regelschule für Schüler*innen mit sonderpädagogischem Förderbedarf ein veränderter Kontext gegenüber der Förderschulumgebung gegeben. Wenn Regelschulen inklusiv werden, so wird dort ein pädagogisch-systemischer Umgang mit Diagnosen erforderlich. Störungen, Probleme und Interventionsanlässe werden im systemischen Ansatz stets kontextuell gefasst. Auch ein möglicherweise mit einer Diagnose im Zusammenhang stehendes Problem ist demnach ein interaktionales Geschehen und kein »Wesensmerkmal« einer Person (Schlippe & Schweitzer 1998). Pädagogische Interventionen sind also Anregungen, die im Rahmen der Selbstorganisationsprozesse passend oder nicht passend sein können. Die Frage »Was funktioniert gut?« hat Vorrang gegenüber dem Defizitdenken. Darüber wird das Generieren neuer Ideen und Bilder möglich, statt das zu wiederholen, was eben nicht funktioniert. Genutzt werden wertschätzende Beschreibungen und die Suche nach konstruktiven Beiträgen auch bei scheinbar destruktivem Verhalten, z. B. die Frage nach Nutzen des Symptoms. Einen besonderen Stellenwert erhalten im systemischen Ansatz der Aufbau und die Pflege von Kooperationsbeziehungen: »Wie kann gemeinsam mit weiteren Beteiligten ein gutes Ergebnis erzielt werden?«

(c) Literatur z. B. für einen schulinternen Reader

Berger, L. & Berger, M. (2008): Der Baum der Erkenntnis für Kinder und Jugendliche im Alter von 1–16 Jahren. Halmstad: Barnoch Ungdomsförvaltningen.
Sasse, A. & Schulzeck, U. (2013): Differenzierungsmatrizen als Modell der Planung und Reflexion inklusiven Unterrichts – zum Zwischenstand in einem Schulversuch. In: Jantowski, A. (Hrsg.), Thillm. 2013. Gemeinsam leben. Miteinander lernen. Bad Berka: Thüringer Institut für Lehrerfortbildung, Lehrplanentwicklung und Medien. Online verfügbar unter: http://www.gu-thue.de/material/Beitrag_Sasse_Schulzeck_Thillm_Jahr2013.pdf.
Sasse, A. & Schulzeck, U. (2014): Von der Schülerleistung zur Leistungseinschätzung im Gemeinsamen Unterricht – erneuter Zwischenstand in einem Schulversuch.

3.1 Verstehbarkeit: Unterrichtsinhalte und Förderschwerpunkte

In: Jantowski, A. (Hrsg.), Thillm. 2014. Bad Berka: Thüringer Institut für Lehrerfortbildung, Lehrplanentwicklung und Medien. Online verfügbar unter: http://www.gu-thue.de/material/Beitrag_Sasse_Schulzeck_Thillm_Jahr2014.pdf.

Von der Groeben, A. (2011): Verschiedenheit nutzen. Besser lernen in heterogenen Gruppen (bes. 105–107; 130–135). Berlin: Cornelsen Scriptor.

Von der Groeben, A. & Kaiser, A. (2012): Werkstatt Individualisierung. Hamburg: Bergmann und Helbig.

Schlippe, A. v. & Schweitzer, J. (1998): Lehrbuch der systemischen Therapie und Beratung I. Göttingen: Vandenhoeck & Ruprecht.

(d) Systemisches Verständnis im ICF

Übung 19: Impulsreferat systemisches Verständnis ICF (G/K)

Zeitumfang	Inhalt und Ziel	Didaktischer Kommentar
25 Min.	▶ Folie 19: Impulsreferat systemisches Verständnis ICF/Gesundheit und Krankheit 1	
	Im Verständnis von Behinderung zeigen sich in den letzten 20 Jahren erhebliche Veränderungen. Dies kann an der Definition der WHO veranschaulicht werden. Im ICIDH-1 von 1980 geht man von einer Schädigung (Impairment) aus, die Fähigkeitsstörungen bzw. Beeinträchtigung bestimmter Fähigkeiten (Disability) zur Folge hat. Hieraus wiederum ergeben sich soziale Benachteiligungen bzw. Behinderungen (Handicap). Konstruiert wird ein Kausalzusammenhang zwischen Beeinträchtigung und Benachteiligung. Der Ansatz geht vollständig von der Abweichung von der Norm einer Person aus, was auch als Defizitansatz beschrieben werden kann. Die Schädigung bildet den Ausgangspunkt für Zuschreibung und Stigmatisierung (= Merkmale werden mit Eigenschaften gleichgesetzt, die	

3 Inklusive Unterrichtsentwicklung gestalten

Übung 19: Impulsreferat systemisches Verständnis ICF (G/K) – Fortsetzung

Zeitumfang	Inhalt und Ziel	Didaktischer Kommentar
	im sozial gesetzten Bewertungszusammenhang stehen). Das Modell eignet sich ausschließlich für die Beschreibung des Personenkreises, bei dem Schädigungen vorliegen. Zu überlegen wäre hier: Inwiefern entsteht Behinderung denn erst aus dieser Konstellation? ▶ Folie 20: Impulsreferat systemisches Verständnis ICF/Gesundheit und Krankheit 2 Ausgehend von dieser Frage entwickelte sich das 2001 eingeführte ICF-Modell, das bis heute gültig ist. Behinderung gilt hier als Prozess und als Ergebnis. Im Zusammenspiel von Umwelt und Individuum werden nicht mehr die Defizite als Ausgangspunkt der Beschreibung genutzt, sondern relevante Fähigkeiten und Möglichkeiten sozialer Teilhabe. Dies beinhaltet einen Paradigmenwechsel: Es wird danach gefragt, wie Faktoren miteinander im Zusammenhang stehen und welche Kontexte zu berücksichtigen sind. Die Lebenswirklichkeit Betroffener ist stärker einbezogen.	
20 Min.	▶ Folie 19: Impulsreferat systemisches Verständnis ICF/Gesundheit und Krankheit 1 ▶ Folie 20: Impulsreferat systemisches Verständnis ICF/Gesundheit und Krankheit 2 Wo liegen nun die Unterschiede zwischen beiden Modellen?	Die Unterschiede im Gespräch mit dem Plenum herausarbeiten lassen. Möglich ist es hier, mit der Think-Pair-Share-Methode zu arbeiten: Zuerst arbeitet jede*r in Einzelarbeit die Unterschiede heraus, sodann Austausch

3.1 Verstehbarkeit: Unterrichtsinhalte und Förderschwerpunkte

Übung 19: Impulsreferat systemisches Verständnis ICF (G/K) – Fortsetzung

Zeitumfang	Inhalt und Ziel	Didaktischer Kommentar

	• Statt Impairment erfolgt eine Beschreibung von Körperfunktionen und -strukturen; Sinnesfunktionen oder Körperstrukturen.
	• Statt Disability und Handicap liegt der Fokus in der Darstellung von Aktivitäten (= Handlungsaktivitäten und Mobilität) und Partizipation (= Sozialverhalten und Beziehungen).
	• Wechselwirkung zwischen den Komponenten werden beachtet (bio-psycho-soziales Modell).
	• Zusätzliche Einflussnahme durch Kontextfaktoren:
	  – Umweltfaktoren (= entsprechende Technologien, aber auch Unterstützung und Beziehungen),
	  – personenbezogene Faktoren (z. B. Alter, Geschlecht, Bewältigungsstile, Biografie).
	• Das ICF-Modell ist auf alle Menschen anwendbar und verwendet einheitliche Begriffe, um Gesundheitsprobleme zu beschreiben.
	• statt nach Dysfunktionalitäten wird nach salutogenetischen Faktoren gesucht –Faktoren, die uns helfen eine Belastung zu meistern.
	
	Welche Vorteile bietet das ICF gegenüber dem Vorgängermodell?
	
	• Funktionale Einschränkungen können bestehen, ohne die Leistungsfähigkeit einzuschränken, weil z. B. der Einsatz technischer Hilfsmittel wie einem Rollstuhl die
		am Platz zu zweit, anschließend Plenumsgespräch.

3 Inklusive Unterrichtsentwicklung gestalten

Übung 19: Impulsreferat systemisches Verständnis ICF (G/K) – Fortsetzung

Zeitumfang	Inhalt und Ziel	Didaktischer Kommentar
	Einschränkung kompensieren können. • Hoher Einfluss der Umwelt auf Partizipation und Körperfunktion (z. B. kann der Besuch einer Sondereinrichtung den Verlust sozialer oder kognitiver Fertigkeiten nach sich ziehen). • Vielfältige Ansatzpunkte pädagogischen, therapeutischen und sozialarbeiterischen Handelns (unabhängig davon, an welchem Punkt des Modells eine Veränderung entsteht – aufgrund der Wechselwirkung der Komponenten hat diese Auswirkung auf das ganze System). So fördert das Modell interdisziplinäre Zusammenarbeit. • Das Modell bringt eine größere Verantwortung für die Benutzer*innen des Modells mit sich (jede*r gehört zur Umwelt und dadurch auch Teil des Modells, diese Position gilt es verantwortlich auszufüllen).	
35 Min.	▶ Folie 21: Impulsreferat systemisches Verständnis ICF/Umgang mit Diagnosen 1 ▶ Folie 22: Impulsreferat systemisches Verständnis ICF/Umgang mit Diagnosen 2 ▶ Folie 23: Impulsreferat systemisches Verständnis ICF/Umgang mit Diagnosen 3 In der Zusammenarbeit mit Schüler*innen mit Diagnosen bzw. sonderpädagogischen Förderbedarfen	Weiterführende Literatur: Palmowski, W. (2007): Nichts ist ohne Kontext. Systemische Pädagogik bei »Verhaltensauffälligkeiten«. Dortmund: Verlag modernes Lernen.

3.1 Verstehbarkeit: Unterrichtsinhalte und Förderschwerpunkte

Übung 19: Impulsreferat systemisches Verständnis ICF (G/K) – Fortsetzung

Zeitumfang	Inhalt und Ziel	Didaktischer Kommentar
	kann der systemische Ansatz von Palmowski (2007) als Unterstützung angewandt werden. Er nimmt eine kleine Alltagsbeobachtung zum Ausgangspunkt seiner Überlegungen und entwirft folgende Szene: Ein Mann spannt seinen blauen Regenschirm auf. Nun wird nach Erklärungen gefragt: Es hat wohl angefangen zu regnen. Das Verhalten des Mannes wird also nicht in erster Linie auf sein Wesen zurückgeführt, sondern auf eine Kontextvariable: den Regen. Wenn jedoch Kinder oder Jugendliche medizinische Diagnosen mitbringen, werden deren Verhaltensweisen tendenziell weniger auf den Kontext bezogen. Stattdessen finden wir Attribute, die im Zusammenhang mit der Diagnose stehen. Diese stärkere Gewichtung der individuellen Disposition gegenüber den Kontextvariablen ist in der pädagogischen Arbeit ungünstig. Pädagogische Interventionen beziehen sich stets auch auf Kontexte. Auch ein möglicherweise mit einer Diagnose im Zusammenhang stehendes Problem ist demnach ein interaktionales Geschehen und kein »Wesensmerkmal« einer Person (Schlippe & Schweitzer 1998).	
	Wirklichkeit wird im systemischen Ansatz als ein Ergebnis sozialer Konstruktionen angesehen. Für Menschen ergibt sich daraus die Möglichkeit, zu den eigenen Geschichten eine selbstreferenzielle Position einzunehmen. Statt um Verhaltenssteuerung geht es in der Begleitung von	

3 Inklusive Unterrichtsentwicklung gestalten

Übung 19: Impulsreferat systemisches Verständnis ICF (G/K) – Fortsetzung

Zeitumfang	Inhalt und Ziel	Didaktischer Kommentar
		Bildungsprozessen um das Managen der Prozesse. Hieraus ergibt sich die besondere Sensibilität für mögliche Ressourcen: Die Frage »Was funktioniert gut?« hat Vorrang gegenüber Defizitdenken. Genutzt werden wertschätzende Beschreibungen und die Suche nach konstruktiven Beiträgen auch bei scheinbar destruktivem Verhalten, z. B. die Frage nach Nutzen des Symptoms. Einen besonderen Stellenwert erhalten im systemischen Ansatz auch der Aufbau und die Pflege von Kooperationsbeziehungen: »Wie kann gemeinsam mit weiteren Beteiligten ein gutes Ergebnis erzielt werden?« Für die pädagogische Arbeit lassen sich aus der systemischen Sicht folgende Regeln ableiten: • Beschreibe Prozesse, statt ›Wesensmerkmale‹ zuzuschreiben! • Nutze Diagnosen zur Verständigung, aber betrachte sie nicht als ›Wahrheit‹! • Verhalten ist kontextabhängig, achte darauf, wann und wo ›Störungen‹ auftreten! Der systemische Umgang mit Diagnosen hat für die inklusive Schulentwicklung eine zentrale Bedeutung. Die Sichtweise eröffnen viele Einflussmöglichkeiten durch Kontextveränderung. Es besteht weniger die Gefahr, dass sich Diagnosen oder Vorannahmen in Form von Self-Fullfilling-Prophecies in der Interaktion wiederholen. Günstig ist auch, dass sowohl die Helfersysteme

3.1 Verstehbarkeit: Unterrichtsinhalte und Förderschwerpunkte

Übung 19: Impulsreferat systemisches Verständnis ICF (G/K) – Fortsetzung

Zeitumfang	Inhalt und Ziel	Didaktischer Kommentar
	als auch die Betroffenen selbst zur Verantwortungsübernahme aufgefordert sind. Denn wenn Verhalten kontextabhängig ist, dann könnte stets auch ein anderes Verhalten möglich sein. Dabei spielt auch die Frage nach dem Nutzen einer bestimmten Diagnose oder einer wiederkehrenden Verhaltensweise eine Rolle. Denn auch hier ist die Abkehr vom Defizitdenken notwendig, um die inklusive Schule zu entwickeln. In der systemisch orientierten Arbeitsweise ist die Methode der Umdeutung (»Reframing«) verbreitet, um sich dem möglichen Nutzen einer Problematik zu nähern. Unterschieden wird zwischen drei Möglichkeiten für Umdeutung (Schlippe & Schweitzer 2009, 76 ff): • Dem Verhalten wird ein anderer Sinn unterstellt als bisher, z. B. eine sinnvolle Funktion: Mit dem Verhalten wird eine Beziehung besonders intensiv erfahren. • Dem Verhalten wird ein sinnvoller Kontext unterlegt: Das Verhalten ist (nur) aus einer bestimmten Perspektive verständlich. • Das Verhalten wird von einer versteckten ›guten Absicht‹ isoliert: Das Verhalten ist veränderungswürdig, aber momentan stehen noch keine anderen Methoden zur Verfügung.	
10 Min.	Möglichkeit zum Austausch am Büchertisch geben (siehe Buchempfehlungen unten)	

3 Inklusive Unterrichtsentwicklung gestalten

Folie 19: Impulsreferat systemisches Verständnis ICF/Gesundheit und Krankheit 1

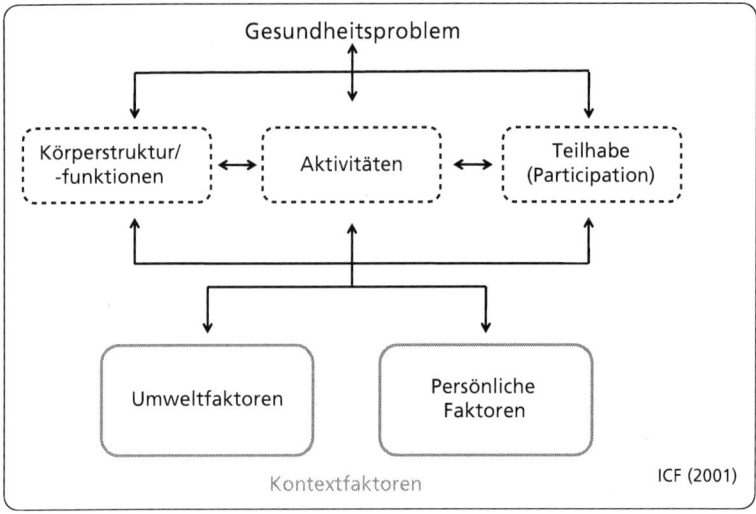

Folie 20: Impulsreferat systemisches Verständnis ICF/Gesundheit und Krankheit 2

3.1 Verstehbarkeit: Unterrichtsinhalte und Förderschwerpunkte

Umgang mit Diagnosen im inklusiven Kontext

➢ Beschreibung von Prozessen, statt Zuschreibung von ›Wesensmerkmalen‹.
➢ Diagnosen als Verständigungsmöglichkeit, aber nicht als ›Wahrheit‹.
➢ Verhalten ist kontextabhängig. Wann und wo tritt ›störendes‹ Verhalten (nicht) auf?
- Jetzt gerade?
- Wer sagt das?
- Wie nennst du das?
- Was ist dein Ziel?
- ...

Folie 21: Impulsreferat systemisches Verständnis ICF/Umgang mit Diagnosen 1

Umgang mit Diagnosen im inklusiven Kontext

Umdeutung (»Reframing«) (Schlippe/Schweitzer 2009, 76 ff)

➢ Dem Verhalten wird ein anderen Sinn unterstellt als bisher, z. B. eine sinnvolle Funktion.
➢ Dem Verhalten wird ein sinnvoller Kontext unterlegt.
➢ Das Verhalten wird von einer versteckten ›guten Absicht‹ isoliert.

Folie 22: Impulsreferat systemisches Verständnis ICF/Umgang mit Diagnosen 2

Umgang mit Diagnosen im inklusiven Kontext

➢ Frage nach unterschiedlichen Sichtweisen:
»Wer beschreibt das Symptom/das Verhalten wie?«
➢ Frage nach dem Nutzen:
»Welche Vorteile bringt das Symptom/das Verhalten für unterschiedliche Beteiligte?«

> Frage nach Ressourcen:
> »Was funktioniert gut? Wann tritt das Symptom/Verhalten nicht auf?«
> (Ausnahmen)
> Frage nach Kooperationsmöglichkeiten:
> »Wie kann gemeinsam ein gutes Ergebnis erzielt werden?«

Folie 23: Impulsreferat systemisches Verständnis ICF/Umgang mit Diagnosen 3

Buchempfehlungen

Molter, H. & Nöcker, K. (2015): Systemisch Schule machen. Toolbox für Lehrer. Heidelberg: Carl-Auer.
Erbring, S. (2016): Einführung in die inklusive Schulentwicklung. Heidelberg: Carl-Auer.
Schweitzer, J. & von Schlippe, A. (2015): Lehrbuch der systemischen Therapie und Beratung II. Das störungsspezifische Wissen. Göttingen: Vandenhoeck & Ruprecht.
Palmowski, W. (2007): Nichts ist ohne Kontext. Systemische Pädagogik bei »Verhaltensauffälligkeiten«. Dortmund: Verlag modernes Lernen.

3.2 Bedeutsamkeit: Unterrichtsentwicklung und Inklusion an der eigenen Schule

(a) Schwedisches Baummodell

Inklusion kann nicht als ein Konzept aufgefasst werden, das von außen auf den Unterricht übertragen wird, sondern vielmehr steht es in Verbindung mit der Entwicklung einer umfänglichen Haltung und der Erkenntnis, die Chancen inklusiver Schule zu verwirklichen. Die nachfolgenden Methoden geben Aufschluss über die Bedeutung inklusiver Unterrichtsentwicklung.

Die Unterscheidung zwischen Sonderpädagogik und den anderen pädagogischen Ausbildungsgängen suggeriert immer wieder, es gäbe nicht

3.2 Bedeutsamkeit: Unterrichtsentwicklung und Inklusion

zu überbrückende Unterschiede zwischen dem Unterricht mit Schüler*innen mit und ohne sonderpädagogischem Förderbedarf. Mit der Konzentration auf die Unterschiede geraten jedoch bereits während der Lehramtsausbildung die Gemeinsamkeiten in der pädagogischen Arbeit aus dem Blickfeld. Dies erweist sich in der Umsetzung von schulischer Inklusion als besondere Schwierigkeit. Ein ganzheitliches Verständnis von Bildung und Lernen wie im schwedischen Bildungsplan für Vorschule und Schule lässt für die Rückbesinnung auf einen ganzheitlichen Blick auf Lernen und Bildung einsetzen (Berger & Berger 2008).

Im schwedischen Curriculum werden Unterrichtsinhalte mit überfachlichen Kompetenzen und Entwicklungsbereichen in Beziehung gesetzt. Inhalte des Unterrichtsfachs sind mit Lernentwicklungsbereichen verknüpft. Hier werden die in den Unterrichtsfächern organisierten und in Lehrplänen festgelegten Inhalte und Ziele mit überfachlichen Kompetenzen und Entwicklungsbereichen in Beziehung gesetzt. Als Bild wurde dafür ein Baum gewählt, in dessen Wurzeln Entwicklungsbereiche und damit verbundene Kompetenzen angesiedelt sind, in der Baumkrone die fachlichen Lernziele aus dem schwedischen Curriculum bis zur 9. Klasse. Die Gesamtdarstellung beruht auf Werten wie Demokratie, Solidarität und Verantwortung.

(b) Baumcurriculum

Übung 20: Arbeitsphase Baumcurriculum (G/K)

Zeitumfang	Inhalt und Ziel	Didaktischer Kommentar
15 Min.	▶ Folie 24: Baum Curriculum Beispiel Schweden Das Bild zeigt einen Baum: In der Baumkrone sind die Fachinhalte des schwedischen Curriculums, im Wurzelbereich die menschlichen Entwicklungsbereiche. Die Entwicklungsbereiche entsprechen den sonderpädagogischen Förderschwerpunkten.	Den Teilnehmenden die Möglichkeit geben, sich über die Verbindung der fachlichen Ziele und der menschlichen Entwicklungsbereiche klar zu werden und auszutauschen.

3 Inklusive Unterrichtsentwicklung gestalten

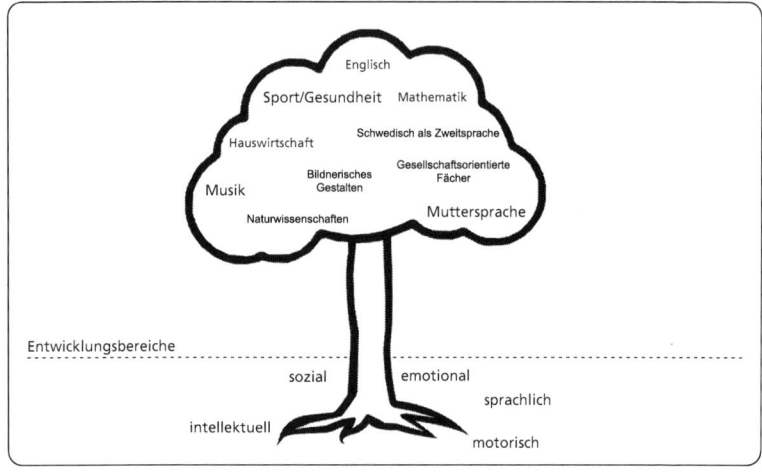

Folie 24: Baum Curriculum Beispiel Schweden

(c) Systemische Sichtweisen im Schulalltag

Übung 21: Arbeitsphase Systemische Sichtweisen im Schulalltag (G/K)

Zeitumfang	Inhalt und Ziel	Didaktischer Kommentar
30 Min.	Die einzelnen Stationen beschäftigen sich mit dem Leitgedanken, inwiefern die jeweilige Sichtweise im schulischen Alltag bereits eingesetzt wird und welche zukünftigen Einsatzmöglichkeiten angedacht werden können. Folgende Fragen werden an vier Stationen im Raum aufgebaut. Frage nach unterschiedlichen Sichtweisen: »Wer beschreibt das Symptom/das Verhalten wie?« ▶ Arbeitsblatt 6: Systemische Sichtweisen 1	Die Teilnehmer*innen bewegen sich im eigenen Tempo von Station zu Station und notieren ihre Antworten und Beispiele auf die ausgedruckten Arbeitsblätter. Das Lesen der Beispiele auf den Zetteln und der Austausch an den Stationen sind vorgesehen.

3.2 Bedeutsamkeit: Unterrichtsentwicklung und Inklusion

Übung 21: Arbeitsphase Systemische Sichtweisen im Schulalltag (G/K)
– Fortsetzung

Zeitumfang	Inhalt und Ziel	Didaktischer Kommentar
	Frage nach dem Nutzen: »Welche Vorteile bringt das Symptom/das Verhalten für unterschiedliche Beteiligte?« ► Arbeitsblatt 7: Systemische Sichtweisen 2	
	Frage nach Ressourcen: »Was funktioniert gut? Wann tritt das Symptom/das Verhalten nicht auf? Welche Ausnahmen gibt es?« ► Arbeitsblatt 8: Systemische Sichtweisen 3	
	Frage nach Kooperationsmöglichkeiten: »Wie kann gemeinsam ein gutes Ergebnis erzielt werden?« ► Arbeitsblatt 9: Systemische Sichtweisen 4	
15 Min.	Ergebnispräsentation und Austausch	Fokussiert wird immer wieder auf die Frage: Welche positiven Einsatzmöglichkeiten sind denkbar? Die Teilnehmer*innen werden so mit ihrer Tendenz zur Problematisierung und Negativnennung konfrontiert.

Arbeitsblatt 6: Systemische Sichtweisen 1

Frage nach unterschiedlichen Sichtweisen:

»Wer beschreibt das Symptom/das Verhalten wie?«

Arbeitsblatt 7: Systemische Sichtweisen 2

Frage nach dem Nutzen:

»Welche Vorteile bringt das Symptom/das Verhalten für unterschiedliche Beteiligte?«

Arbeitsblatt 8: Systemische Sichtweisen 3

Frage nach Ressourcen:

»Was funktioniert gut? Wann tritt das Symptom/Verhalten nicht auf?« (Ausnahmen)

Arbeitsblatt 9: Systemische Sichtweisen 4

Frage nach Kooperationsmöglichkeiten:

»Wie kann gemeinsam ein gutes Ergebnis erzielt werden?«

3.3 Machbarkeit: Differenzierung in fachbezogener Unterrichtsvorbereitung

In diesem Abschnitt werden unterstützende Methoden vorgestellt, die darauf abgestimmt sind, Lehrer*innen Impulse zu geben, wie sich eine differenzierte Unterrichtsentwicklung entsprechend der Bedürfnisse der Schüler*innen positiv auf die Umsetzung von Inklusion auswirkt.

(a) Impulsvortrag eines Gastes

Übung 22: Impulsvortrag eines Gastes (G/K)

Zeitumfang	Inhalt und Ziel	Didaktischer Kommentar
60 Min.	Für den Gastbesuch kann eine inklusive Schule gewählt werden, aber auch Ansprechpartner*innen aus der schulbezogenen Administration. Der Gast trägt kurz vor. Anschließend findet ein Austausch mit dem Gast statt.	Alternativ kann hier auch ein längeres Filmbeispiel gezeigt werden (z. B. »Berg Fidel« oder »Klassenleben«).

(b) Solution Talk zum Vortrag

Übung 23: Arbeitsphase Solution Talk zum Vortrag (T)

Zeitumfang	Inhalt und Ziel	Didaktischer Kommentar
45 Min.	»Solution Talk« zum Vortrag – Fokussierung auf Lösungsideen in der Umsetzung Arbeitsauftrag: • Tauschen Sie sich mit einer Person zu Umsetzungsideen aus dem Vortrag aus. Fokussieren Sie dabei auf Lösungen. (Austausch mit Partner*in aus der Region.)	Im gewohnten Kommunikationsmodus werden eher Schwierigkeiten als Lösungen besprochen. Hiervon soll ganz gezielt abgewichen werden. Falls im Gespräch zu den Problemen der Umsetzung umgeschwenkt wird, so sollte dies im Dialog bemerkt und zu den

Übung 23: Arbeitsphase Solution Talk zum Vortrag (T) – Fortsetzung

Zeitumfang	Inhalt und Ziel	Didaktischer Kommentar
	• Wechsel der Dialogpartner*innen: Was klappt an Ihrer Schule gut in der Umsetzung von Inklusion, insbesondere im Unterricht? (Austausch mit Partner*in aus der gleichen Schulform.)	Lösungsideen zurückgekehrt werden.

(c) Differenzierungsmatrizen im inklusiven Unterricht

Ziel von Differenzierung und Individualisierung ist die Ermöglichung individueller und gemeinsamer Lernsituationen. Inklusiver Unterricht bedarf aufgrund unterschiedlicher Lernvoraussetzungen auf Seite der Schüler*innen eines sinnvollen Differenzierungs- und Individualisierungsmodells. Sowohl die Vorbereitung von Unterricht als auch dessen Durchführung, aber auch die Bewertung von Leistungen, der Umgang mit Schüler*innenverhalten und das soziale Klassenklima sind relevante Aspekte für den Einbezug von Differenzierungsmaßnahmen und Möglichkeiten der individuellen Förderung. Ziel dieser differenzierenden und individualisierenden Arbeitsformen ist, dass jede*r Schüler*in in seiner*ihrer je individuellen Art und Weise und dennoch in gemeinsamen Lernsituationen lernen kann. Ein demokratisches und respektvolles Klima soll dafür sorgen, dass alle partizipieren können.

Insbesondere stellt sich an Regelschulen die Frage, wie hier ein zieldifferentes Lernen nach unterschiedlichen Lehrplänen ermöglicht werden kann. Ein Modell für die Planung, Gestaltung und Reflexion von Unterricht in heterogenen Lerngruppen wurde im Rahmen eines Schulversuchs in Thüringen von Sasse und Schulzeck (2013) weiterentwickelt, das zugleich auch eine Grundlage für transparente Leistungsbewertung sein kann. Schüler*innen werden ihren individuellen Fähigkeiten entsprechend binnendifferenziert in einem gemeinsamen thematischen Kontext unterrichtet. Basierend auf Lern-Struktur-Gittern nach Kutzer berücksichtigt die Unterrichtsvorbereitung nicht nur den Fachinhalt, sondern auch das Niveau der Aneignung gemäß der kognitiven Abstraktionsfähigkeiten.

3.3 Machbarkeit: Differenzierung in fachbezogener Unterrichtsvorbereitung

Die damit entstehenden Differenzierungsmatrizen bestehen aus Spalten und Zeilen. In den Spalten sind die Lernangebote nach ihrer thematischen Komplexität geordnet, während die Zeilen die kognitiven Komplexitätsstufen abbilden. Dadurch kann der Unterricht dimensioniert und in vielfacher Hinsicht differenziert und somit an den Lernstand der Schüler*innen angepasst werden. Da die Lehrkräfte selbst diese Matrizen erstellen, können sie ihre didaktischen Entscheidungen sowie Interessen der Schüler*innen in die Planung einfließen lassen. So werden in den Matrizen auch erforderliche Medien, Materialien und Sozialformen abgebildet. Die Matrix wird den Schüler*innen transparent gemacht und im Sinne eines offenen Unterrichtsarrangements eine gemeinsame Verantwortung für Lernprozesse etabliert. Leistungserwartungen und Pflichtaufgaben/Tests lassen sich ebenfalls in der Matrize vermerken und machen eine Verbindung mit Formen der Leistungsbewertung möglich. Eine Praxishilfe »Leistungseinschätzung« stellt vorhandene Möglichkeiten der Leistungseinschätzung in einem Schaubild zusammen, indem aufgrund der Tätigkeiten im Prozess und in Bezug auf das Endprodukt die Beurteilung vorgenommen wird.

Differenzierungsmatrizen ermöglichen, dass Unterricht dimensioniert und in vielfacher Hinsicht differenziert und somit an den Lernstand der Schüler*innen angepasst werden kann.

(d) Differenzierung in der Matrixarbeit

Übung 24: Impulsreferat Differenzierung in der Matrixarbeit (G/K)

Zeitumfang	Inhalt und Ziel	Didaktischer Kommentar
45 Min.	Für Schüler*innen mit dem sonderpädagogischen Förderschwerpunkt »Lernen« bzw. »Geistige Entwicklung« existieren eigene Lehrpläne. Die hier festgeschriebenen Unterrichtsfächer und Bildungsinhalte sind nicht ohne weiteres mit denen der weiterführenden Schulen kompatibel. Befunde aus wissenschaftlichen Begleitungen schulischer Inklusion zeigen, dass Schüler*innen mit	

3 Inklusive Unterrichtsentwicklung gestalten

Übung 24: Impulsreferat Differenzierung in der Matrixarbeit (G/K) – Fortsetzung

Zeitumfang	Inhalt und Ziel	Didaktischer Kommentar
	sonderpädagogischem Förderbedarf stark von ihren Mitschüler*innen ohne Förderbedarf profitieren. Eine Beschulung nach Lehrplan würde diese Ressource vernachlässigen.	
	Fachbuch- und Lehrmittelverlage zu »Inklusion« enthalten meist drei Niveaustufen: leicht – mittel – schwer. Nachteile: Es entsteht eine Mehrbelastung durch dreifache Unterrichtsvorbereitung, zugleich ein hoher Kopieraufwand und die Reduzierung der Arbeitsmöglichkeiten auf das Bearbeiten von Arbeitsblättern. Es verfestigt sich zudem die Vorstellung bei Lehrenden und Lernenden, die Schüler*innen einer bestimmten Gruppe zuzuordnen. Empfohlen wird eine variable Anzahl von Zeilen und Spalten je nach Lerngruppe und Thema. Eine Matrix mit fünf Zeilen und fünf Spalten, also 25 Feldern, scheint ausreichend. Die Matrix wird im Team erstellt und enthält somit gemeinsame Vereinbarungen darüber, was die einzelnen Felder enthalten.	▶ Folie 25: Impulsreferat Differenzierung/Lernstrukturgitter 1 ▶ Folie 26: Impulsreferat Differenzierung/Beispiel Lernstrukturgitter 2 ▶ Folie 27: Impulsreferat Differenzierung/Lernstrukturgitter 3
	Matrixarbeit ist ein Prozess, der Interesse, Mut und Zeit braucht. Dies gilt auch für die Schüler*innen! Vorlaufphase: Hier soll die konzeptionelle Grundidee der Differenzierungsmatrizen erfasst und ein Mehrwert der Arbeit mit Differenzierungsmatrizen erkannt werden.	▶ Folie 28: Impulsreferat Differenzierung/Lernstrukturgitter 4 ▶ Folie 29: Impulsreferat Differenzierung/Lernstrukturgitter 5 ▶ Folie 30: Impulsreferat Differenzierung/Lernstrukturgitter 6

3.3 Machbarkeit: Differenzierung in fachbezogener Unterrichtsvorbereitung

Übung 24: Impulsreferat Differenzierung in der Matrixarbeit (G/K) – Fortsetzung

Zeitumfang	Inhalt und Ziel	Didaktischer Kommentar
	Schulintern wird geklärt: in welchem Fach? mit welcher Klasse? wer arbeitet mit? Am besten feste Zeiten im Konferenzraster für das Arbeiten an den Matrizen ausweisen.	
	Erstellen von Matrizen: Hier machen sich die Kolleg*innen Gedanken über den Kern des Themas und die Ziele für die Thematik, nehmen dabei Schüler*innen mit und ohne Förderbedarf in den Blick. Vorhandenes Unterrichtsmaterial, Medien, Bastelmaterial, Filme etc. werden gesichtet. Die Matrixeinheiten werden mit Themen und Aufgaben gefüllt. Wichtig sind auch Methodenabsprachen: Wie erarbeiten sich die Schüler*innen die Themen der Matrix? Absprachen zur Lehrendenrolle und zum Teamteaching werden getroffen und die Schüler*innen mit der Idee und Methodik der Matrix bekannt gemacht.	
	Durchführen von Unterrichtseinheiten mit Matrizen: Den Schüler*innen werden die Aufgaben und Formate erklärt und eine Transparenz über Leistungserwartung hergestellt. Zeitfenster für Präsentationen, Tests/Arbeiten sind einzuplanen. Zum Ende hin wird mit den Schüler*innen die Matrixarbeit reflektiert.	
	Abschluss: Wichtig ist, das Material zu verwalten, zu dokumentieren, überschaubar und für weitere Nutzer*innen verständlich zu halten.	

3 Inklusive Unterrichtsentwicklung gestalten

> **Vom Lernstrukturgitter zur Differenzierungsmatrix in der inklusiven Schule**
>
> Die Umsetzung eines pädagogisch-didaktisches Modell für die Vorbereitung des Unterrichts
>
> ➢ verhilft Lehrer*innen Zugänge zum Unterricht zu schaffen und unterstützt die differenzierte Unterrichtsgestaltung;
> ➢ macht die ›besondere‹ Behandlung und Rücksichtnahme von ›manchen‹ Schüler*innen unnötig;
> ➢ heißt ein Lernangebot für alle Schüler*innen zu verwirklichen, welches den Zugang zu den gesamten Bildungs- und Themenbereichen eröffnet.
>
>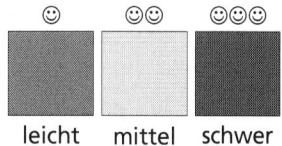

Folie 25: Impulsreferat Differenzierung/Lernstrukturgitter 1

3.3 Machbarkeit: Differenzierung in fachbezogener Unterrichtsvorbereitung

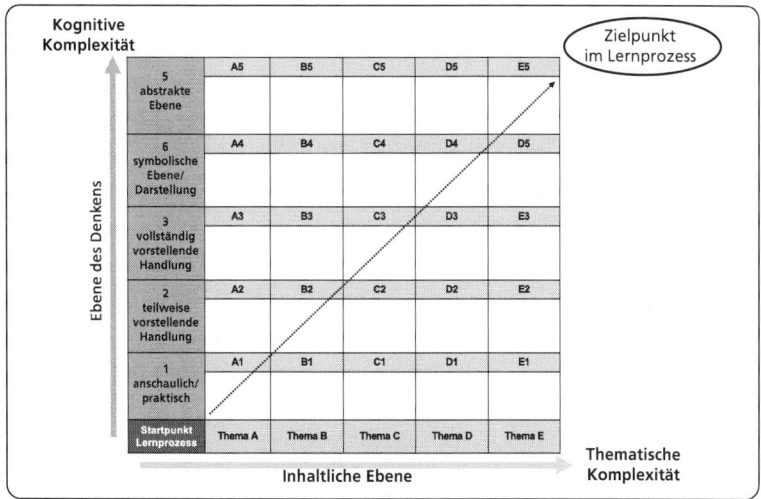

Folie 26: Impulsreferat Differenzierung/Lernstrukturgitter 2

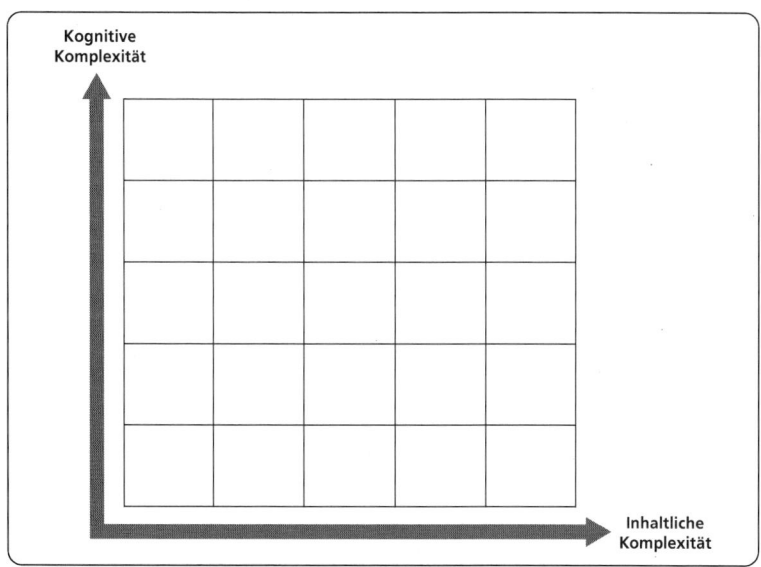

Folie 27: Impulsreferat Differenzierung/Lernstrukturgitter 3

> Ursprünge: »Lernstrukturgitter«/»Struktur-niveauorientierter Mathematikunterricht« (Kutzer 1982)
>
> **Vertikale Achse:** »Niveaustufen des Denkens«
>
> - konkrete/anschauliche Handlung
> - teilweise vorstellende Handlung
> - vollständig vorstellende Handlung
> - symbolische Denkoperation
> - abstrakte Denkoperation
>
> **Horizontale Ebene:** Komplexer werdende Struktur des Lerngegenstands. In der traditionellen Unterrichtsplanung beginnen diese häufig mit weniger komplexen Inhalten und steigern die inhaltliche Komplexität zunehmend.

Folie 28: Impulsreferat Differenzierung/Lernstrukturgitter 4

> Jede Matrixeinheit entspricht einem Angebot mit Materialien für Einzel-, Partner- oder Kleingruppenarbeit und/oder Klassenverband. Die Matrix wird im Team erstellt und enthält somit gemeinsame Vereinbarungen darüber, was die einzelnen Felder enthalten.
>
> - Kein einfaches ›Runterbrechen‹ des Stoffes bzw. ›didaktische Reduktion‹ und ›Zusatzfutter‹,
> - sondern einen Lerngegenstand für alle Lernenden zugänglich (barrierefrei!) und zugleich herausfordernd gestalten.

Folie 29: Impulsreferat Differenzierung/Lernstrukturgitter 5

3.3 Machbarkeit: Differenzierung in fachbezogener Unterrichtsvorbereitung

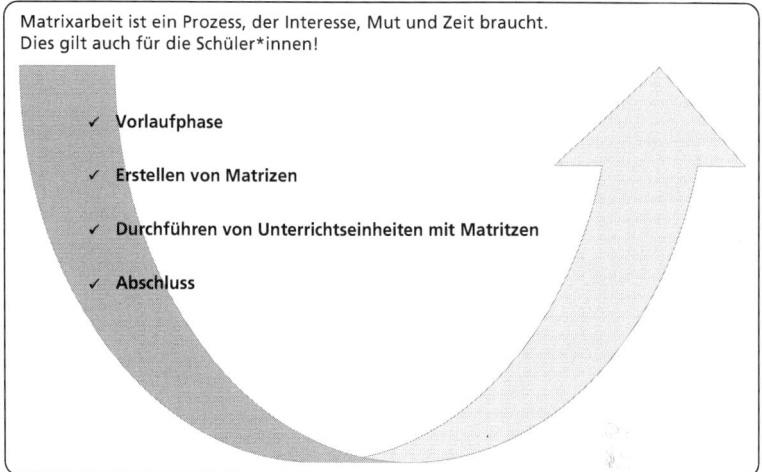

Matrixarbeit ist ein Prozess, der Interesse, Mut und Zeit braucht.
Dies gilt auch für die Schüler*innen!

- ✓ Vorlaufphase
- ✓ Erstellen von Matrizen
- ✓ Durchführen von Unterrichtseinheiten mit Matrizen
- ✓ Abschluss

Folie 30: Impulsreferat Differenzierung/Lernstrukturgitter 6

3 Inklusive Unterrichtsentwicklung gestalten

Thema: Fabeln
Jahrgangsstufe: 6

Kognitive Komplexität

abstrakt	Vorstellung Autoren Entstehung von Fabeln/Geschichte und Zusammenhänge herstellen	Konflikt zwischen zwei Fabelfiguren entwickeln und schriftlich formulieren	Eigenständiges Schreiben einer Fabel ohne Lehre (Beachtung aller Eigenschaften)	Eine Fabel mit einer festgelegten Lehre schreiben	Ein gutes, lehrreiches Ende schreiben (entworfene Konflikt wird gelöst)
symbolische Ebene/ Darstellung	Kategorisierung des Materials/ Medien, Tiere, Autoren, Zeit, Länder	Rollenspiel/Konflikt verbal umsetzen	In der Tischgruppe (Rollenspiel) Fabel darstellen/Fachbegriffe hervorheben	Lehren auf Grundlage einer Fabel formulieren	Aufbau eines Standbildes (Gedanken der Tiere in einen Konflikt zusammenführen)
vollständig vorstellende Handlung	Lesen, Hören und Verstehen von Fabeln	Konflikt in Rede und Gegenrede übertragen (Tiere interagieren und kommunizieren wie Menschen)	Plan erstellen (alles) Fachbegriffe und Formalien beachten	Zuordnung von Lehren zu den entsprechenden Fabeln	Übernahme einer Rolle eines Fabeltiers
teilweise vorstellende Handlung	Fabelsammlung erstellen (Hörspiele, Filme, Bildergeschichten, aus verschiedenen Kulturen)	Spielerische/schriftliche Entstehung einer Szene, Konfliktdarbietung (Wörtliche Rede beachten)	Fachlichen Zusammenhang zu Bildern und Textstellen herstellen/Formalen Aufbau beachten	Redewendungen/ Sprichwörter erläutern, darbieten oder zeichnen	eigene Beispiele in Bezug auf die jeweilige Lehre finden
anschaulich/ praktisch	Begegnung von Tieren im Spiel darstellen	Merkmale von Tieren in Fabeln benennen, ordnen, darstellen, Geräusche nachahmen	Arbeit mit Bildkarten und Textausschnitten/ Reihenfolge herstellen	Redewendungen und Sprichwörter bezüglich Fabeln finden	Identifikation mit Fabeltieren, z.B. Interview führen
Fabeln					

Thematische Komplexität

Folie 31: Impulsreferat Differenzierung/Beispiel Lernstrukturgitter 1

3.3 Machbarkeit: Differenzierung in fachbezogener Unterrichtsvorbereitung

(e) Matrixarbeit

Übung 25: Arbeitsphase Matrixarbeit (G/K)

Zeitumfang	Inhalt und Ziel	Didaktischer Kommentar
40 Min.	Arbeit mit den Matrizen in den Statusgruppen	Auf der Homepage (www.gu-thue.de) des Schulversuches Matrizen auswählen
20 Min.	Austausch zu Einsatzmöglichkeiten der Matrizen in den schulbezogenen Tandems	Hier kann das Arbeitsblatt 10 »Matrixarbeit« eingesetzt werden.
15 Min.	Austausch im Plenum zu Einsatzmöglichkeiten der Matrizen in den Schulen	

Arbeitsblatt 10: Matrixarbeit

1. Wo ist Inklusion bisher in Ihrem Schulprogramm verortet?
2. Inwiefern wird die Ebene der Unterrichtsentwicklung berücksichtigt?
3. Welche nächsten Schritte inklusiver Unterrichtsentwicklung sind erforderlich/förderlich?

1.

2.

3.

4 Inklusion und Teamarbeit gestalten

4.1 Verstehbarkeit: Ansatzpunkte zur Entwicklung schulischer Teamarbeit

Um eine intensive Auseinandersetzung mit teamorientierten inklusiven Schul- und Unterrichtskonzepten zu gewährleisten, werden in diesem Modul konkrete Probleme der schulischen Teamarbeit lösungsorientiert bearbeitet.

Ausgehend von einer klassischen Definition werden vier Problemfelder fokussiert, die in schulischer Teamarbeit auftreten. Verschiedene Teamentwicklungs-Tools werden in der Gruppe erprobt und ausgehend von spezifischen Problemen an den Einzelschulen Lösungsstrategien und Methoden auf die komplexen Situationen angewendet. Die Schulleitungen schätzen den Entwicklungsstand der Teamarbeit an ihren Schulen ein und entwickeln Ideen und Konzepte zu ihrer Rolle als Schulleitung im Kontext von Inklusion in einer teamorientierten Schulkultur.

(a) Schulische Teamentwicklung gestalten

Teamarbeit gilt als eine der wichtigsten Gelingensbedingungen für die Umsetzung von Inklusion. Um erfolgreiche Teamarbeit an inklusiven Schulen zu gewährleisten, müssen alle am Prozess Beteiligten in die Planung, Umsetzung und Reflexion einbezogen werden. Sie benötigen ihren Aufgaben entsprechende Rollen und müssen gemeinsam auf dasselbe Ziel ausgerichtet sein. In Bezugnahme auf bestehende und praxiserprobte Konzepte wird in diesem Modul das Potenzial, aber auch die Herausforderung der Umsetzung von Teamarbeit im Kontext der inklusiven Schule herausgearbeitet. Rollenverteilungen im Team werden definiert und an die Gegebenheiten der Einzelschule angepasst. Die Schulleitungen und die Lehrer*innen erhalten Orientierungsmöglichkeiten, wie eine team- und stärkenorientierte Schulkultur an ihrer Schule aufzubauen und zu etablieren ist.

Ziele

- Schulen sollen sich zu lernenden Organisationen entwickeln. Infolge administrativer Reglementierungen und politischen Forderungen kommt es zumeist zu einer Verknappung von Ressourcen.
- Inklusive Schulen können ihre Lehrkräfte angemessen auf die Teamarbeit vorbereiten und ihnen den passenden Rahmen für Kompetenztransfers bieten.

Inklusion bedeutet eine positive Sicht auf Vielfalt einzunehmen, auch auf die Vielfalt im Kollegium.

Teamschulen wertschätzen Teamarbeit und setzen Vertrauen in die Selbstorganisationsprozesse der Teams – zugleich werden dort Teams ermutigt, sich externe Moderation, Supervision und Unterstützung zu holen, um die Teamentwicklung voranzubringen. Konflikte sind Teil von Teamentwicklungsprozessen. Sind sie für alle Beteiligten in befriedigender Weise gelöst, so wächst das Team an neuen Aufgaben. Wenn schwierige Aufgaben und Konflikte bewältigt sind, ist es wichtig, solche Erfolge im Kollegium vorzustellen: Mit positiven Beispielen und Erfahrungen steigt die »kollektive Selbstwirksamkeitserwartung«.

Beispiele für Teams in der Schule sind Klassenlehrerteams, Jahrgangsteams, multiprofessionelle Teams, Fachgruppen etc.

Besonders geeignet für inklusive Schulentwicklung ist das Team-Kleingruppen-Modell: Drei Klassen eines Jahrganges werden von Lehrkräften unterschiedlicher Qualifikationen unterrichtet, die ein festes Team bilden. Teamarbeit bedeutet mehr, als sich über Themen und Inhalte zu verständigen.

Dimensionen von Zusammenarbeit sind demnach zu unterscheiden, z. B. wie folgt nach Herrwig-Lempp (2012):

1. Aufgabenbezogene Zusammenarbeit
   Die aufgabenbezogene Zusammenarbeit ist das, was üblicherweise als Teamarbeit verstanden wird: Man bespricht sich miteinander und informiert sich gegenseitig, man entwickelt gemeinsam Ideen, unterstützt sich und trifft Entscheidungen oder leitet diese weiter.
2. Organisationsbezogene Zusammenarbeit
   Diese Dimension der Zusammenarbeit bezieht sich auf das Nachdenken darüber, wie die Aufgaben miteinander erledigt werden, also auf die Gestaltung der Zusammenarbeit: die Gesprächsführung, die Tagesordnungen, die ausgesprochenen und unausgesprochenen Regelungen der Zusammenarbeit, die in der Zusammenarbeit angewandten Methoden.
3. Entwicklungsbezogene Zusammenarbeit
   Diese Dimension bedeutet, dass in der Zusammenarbeit immer wieder innegehalten wird, um die Zusammenarbeit in den Blick zu nehmen. In der Reflexion über die aufgaben- und die organisationsbezogene Zusammenarbeit werden dann Methoden und Vorgehensweisen verändert, um die Zusammenarbeit zu optimieren.

Schulische Teamarbeit sollte stets alle drei Dimensionen berücksichtigen. Denn insbesondere die Reflexion der Zusammenarbeit mündet in Weiterentwicklung. Für die Dimensionen 2 und 3 bedarf es geeigneter Strukturen und Zeitfenster sowie der kompetenten Moderation entweder durch Teammitglieder oder durch externe Moderator*innen oder Supervisor*innen.

Inklusion und Teamarbeit

Obwohl schulische Inklusion viel Potenzial für die Umsetzung und Ausgestaltung von Teamarbeit bietet, finden sich hier oftmals zentrale Probleme der Umsetzung von Inklusion.

Team Teaching profitiert von den verschiedenen Perspektiven, die von den Lehrkräften in den Unterricht eingebracht werden. Aus diesen

4.1 Verstehbarkeit: Ansatzpunkte zur Entwicklung schulischer Teamarbeit

unterschiedlichen Perspektiven auf die Unterrichtsinhalte und die ausgewählten Methoden entsteht optional ein bereichernder Austausch. Zwar stellt Team Teaching eine sinnvolle Variante der Teamarbeit im Kontext schulischer Inklusion dar, jedoch ist diese aufgrund fehlender Personalressourcen oftmals nicht möglich.

Eine zweite Möglichkeit der Lehrer*innenkooperation im Kontext schulischer Inklusion ist die der Doppelbesetzung. Diese kann durch eine sonderpädagogische Lehrkraft, aber auch durch Schulbegleiter*innen oder Integrationshelfer*innen erfolgen. Die unterrichtliche Funktion dieser zweiten Kraft kann sich auch auf therapeutische, pflegerische oder begleitende Maßnahmen beschränken.

Ein großes Problem kann sich daraus ergeben, wenn hinsichtlich der Zusammenarbeit von Lehrkräften unterschiedlicher Lehrämter Differenzierungen – sei es in ihrem Ansehen oder in der praktischen Verteilung der Aufgaben – vorgenommen werden, die sich häufig auf die staatliche Andersbezahlung, die verschiedenen Aufstiegsmöglichkeiten oder generell den sozialen Status, der diesen zugewiesen ist, zurückführen lassen. Neben Konstellationsschwierigkeiten, die auf der psychischen, emotionalen oder personalen Ebene verortet sind, weil beispielsweise zwei Lehrkräfte auch privat nicht miteinander auskommen, können auch fehlende strukturelle Ressourcen wie Möglichkeiten für gemeinsame Weiterbildung oder Räume und Zeiten für Interaktion und Austausch die Kooperation behindern. Inklusive Schulen können ihre Lehrkräfte angemessen auf die Teamarbeit vorbereiten und ihnen den passenden Rahmen für Kompetenztransfers bieten. Teamarbeit sollte insofern nicht ausschließlich unter pädagogisch-didaktischen Gesichtspunkten betrachtet werden, sondern als ein gemeinsames Unterrichtsvorhaben, das Lehrkräfte miteinander wagen und durchführen.

Varianten kollegialer Zusammenarbeit sind keineswegs mit der Zusammenarbeit einer Lehrkraft für Sonderpädagogik und einer Lehrkraft für Regelschullehramt ausgeschöpft. Inklusion bedeutet eine positive Sicht auf Vielfalt einzunehmen, auch auf die Vielfalt im Kollegium. Unterschiedliche Qualifikationen sind dabei nur ein von mehreren relevanten Aspekten der Teamarbeit. Eine wichtige Rolle spielen auch persönliche Vorlieben, Erfahrungen und individuelle Kompetenzen, die die an der Teamarbeit Beteiligten mitbringen. Mit dem Einbezug solcher Aspekte wächst die

Motivation, sich aktiv an der Zusammenarbeit zu beteiligen. So eröffnet sich auch für manch eine Lehrkraft für Sonderpädagogik die Möglichkeit, den Fachunterricht im studierten Unterrichtsfach zu leiten. Denn was viele Lehrkräfte an allgemeinbildenden Schulen gar nicht wissen ist: Auch die Lehrkräfte für Sonderpädagogik haben parallel zu ihren sonderpädagogischen Schwerpunkten Unterrichtsfächer studiert und dabei in der Regel keine Spezialausbildung erhalten. Sie studieren gemeinsam mit den Studierenden der allgemeinen Lehrämter und waren bisher selbst aufgefordert, die fachbezogenen Inhalte auf ›ihre‹ Schülerpopulation zu beziehen, d. h. sich selbst zu überlegen, wie ein Lerninhalt für die entsprechenden Schüler*innen aufbereitet werden müsste.

Situationsbezug und Teamarbeit

Während die Sonderpädagogik traditionell personenorientiert ist und Förderungsmöglichkeiten in Bezug auf bestimmte Schwierigkeiten (Defizite) einzelner Schüler*innen vorschlägt, hat im systemischen Inklusionsverständnis die Orientierung an Situationen Priorität. Das kanadische Beispiel zeigt, dass ein innerschulisches Unterstützungssystem für die Lehrkräfte gebraucht wird, das nonkategorial arbeitet – also nicht explizit sonderpädagogisch ausgerichtet ist. Die Unterstützung ist an die Lehrkräfte adressiert, systemisch auf die ganze Schule ausgerichtet, an Situationen orientiert und nicht von den Diagnosen bestimmter Schüler*innen abhängig. Dem Unterstützungssystem gehören Schulleitung und einige Lehrkräfte an, die unterschiedliche Kompetenzen mitbringen, z. B. für Lesen lernen, Sprachentwicklung, Konfliktmanagement. Besprochen werden drängende Fragen aus dem aktuellen Schulalltag, also auch Fragen im Zusammenhang mit Mehrsprachigkeit, im Umgang mit familiären Herausforderungen und zur Lern- und Leistungsentwicklung. Einige erfahrene Lehrkräfte stehen als »Methods- and Resource-Teachers« für ihre Kolleg*innen beratend zur Verfügung. Sie bilden keine eigene Berufsgruppe mit spezifischer Bezahlung, sondern wechseln nach einigen Jahren wieder in die Rolle von Klassenlehrer*innen zurück. In der Region stehen außerschulische Unterstützungssysteme und Fachdienste zur Verfügung.

(b) Rahmenbedingungen für schulische Teamarbeit

Ausschlaggebend für erfolgreich arbeitende Schulen ist eine gut funktionierende, vernetzte Teamarbeit im Kollegium. Qualitätsmerkmale guter schulischer Teamarbeit sind u. a. Erfahrungslernen, Unterstützung und Ausgleich angesichts unterschiedlicher Begabungen, Wertschätzung der Leistung anderer Kolleg*innen sowie der Verzicht auf individuelle Profilierung und Konkurrenzdenken. Den meisten Lehrkräften dürften diese Merkmale bekannt sein, da sie diese auch von ihren Schülern*innen einfordern.

An deutschen Schulen herrscht jedoch, abweichend von diesen Forderungen, häufig ein ›Einzelkämpfertum‹ vor und dementsprechend ein Mangel an Kooperation. Einerseits scheinen Lehrkräfte Schwierigkeiten damit zu haben, sich selbst und ihr Klassenzimmer zu öffnen. Andererseits finden sich an Schulen auf der strukturellen Ebene Barrieren in den Rahmenbedingungen. Hier können teamunterstützende Maßnahmen gut ansetzen.

Seydel (2009) stellt die These auf, dass sich an jeder Schule Rahmenbedingungen herstellen lassen, in denen Teamarbeit erfolgreich und in ihrem Nutzen erfahren werden kann. Allerdings fügt er dieser These an, dass Teamarbeit nicht einfach von oberster Instanz wie der Schulleitung verordnet werden kann, sondern die Lehrkräfte an den Prozess herangeführt werden und seine Vorteile erfahren müssen.

Aktuelle Schulentwicklungen beinhalten eine Paradoxie. Einerseits sollen Schulen sich selbstständig und auf unterster Ebene beginnend zu lernenden Organisationsformen entwickeln. Andererseits werden sie durch administrative Reglementierungen und politische Forderungen sowie durch stetige Verknappung von Ressourcen stark eingeschränkt. Organisationales Lernen zeichnet sich dadurch aus, dass in den Interaktionen zwischen den lernenden Individuen neues Wissen erworben, entwickelt und geteilt wird. Lernen bedeutet per se also auch immer Lernen in Gemeinschaft, das aber auch innerhalb von Regeln, Strukturen und Prozessen stattfindet. In Anlehnung an systemische Führungsansätze sieht Engel (2009) als zentrale Aufgabe von Schulleitungen, systemische Einsichten bei den Organisationsmitgliedern zu entwickeln. Schulleitungen fungieren demnach als Vorbilder für systemisches Denken und Handeln

4 Inklusion und Teamarbeit gestalten

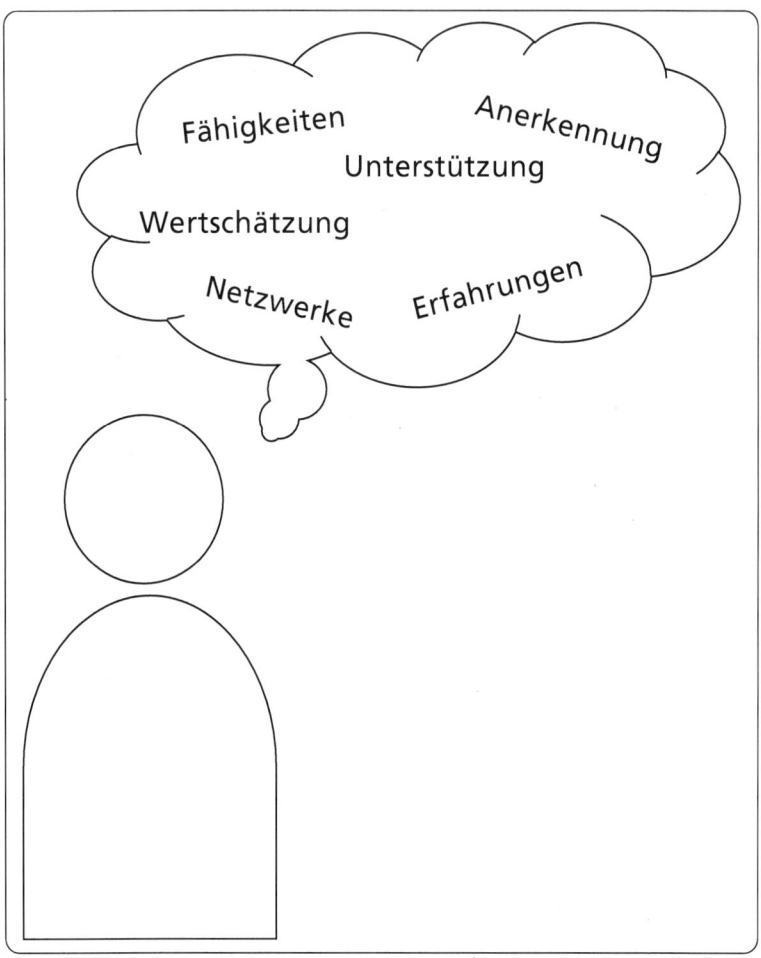

Folie 32: Rahmenbedingungen schulischer Teamentwicklung

innerhalb der Schule. Wichtig ist, ein Führungsteam aufzubauen, das Visionen entwickelt und Meta-Perspektiven einnimmt.

Inklusion ist ein Thema, das weit über die Verantwortung der Einzelschule hinausreicht. Kooperationen mit weiteren Schulen innerhalb der Region sind nicht nur notwendig, um Erfahrungsaustausch und Kompetenztransfer zu ermöglichen, sondern auch um beispielsweise die Gestaltung der Übergänge von der Grundschule zur weiterführenden Schule und den Übergang Schule-Beruf zu regeln. Besonders wichtig ist es, bestehende Kontakte, Kooperationen und Netzwerke der Förderschulen, z. B. die Zusammenarbeit mit Beratungsstellen und Fachdiensten, mit Jugend- und Sozialämtern in die Verantwortung der allgemeinen Schule zu überführen, so dass möglichst viele bestehende Kontakte beibehalten werden können.

Inklusion öffnet die Schule mehr als bisher in die Region: Beispiele aus Kanada zeigen, dass regionale Fortbildungen die Kooperation von Akteur*innen der Region unterstützen und interdisziplinäre Beratungsstellen Anlaufstelle und Kooperationspartner sind.

(c) Literatur z. B. für einen schulinternen Reader

Engel, G. (2009): Führen in der lernenden Organisation Schule – Chancen systemischen Denkens und Handelns für Schulleiterinnen und Schulleiter. systhema 23 (3), 278–292.

Erbring, S. (2014): Inklusion ressourcenorientiert umsetzen. Heidelberg: Carl-Auer.

Herwig-Lempp, J. (2012): Ressourcenorientierte Teamarbeit. Systemische Praxis der kollegialen Beratung. Ein Lern- und Übungsbuch. Göttingen: Vandenhoeck & Ruprecht.

Seydel, O. (2009): Gemeinsam statt einsam. Stuttgart: Raabe. Online verfügbar unter: http://www.schulentwicklung-net.de/veroeffentlichungen/teamarbeit-an-schulen.html.

Schwager, M. (2011): Gemeinsames Unterrichten im Gemeinsamen Unterricht. Zeitschrift für Heilpädagogik 62, 92–98.

(d) Gute gesunde inklusive Schule

Übung 26: Impulsreferat Gute gesunde inklusive Schule (G/K)

Zeitumfang	Inhalt und Ziel	Didaktischer Kommentar
20 Min.	▶ Folie 33: Impulsreferat Gute gesunde inklusive Schule 1 Drei auf einen Streich: Gute Schule – gesunde Schule – inklusive Schule	Nach diesem Referatsteil kann das Plenum gefragt werden: Mit Blick auf Ihr Kollegium – welches wäre die beste Ecke, um anzusetzen (in der Regel wird

4 Inklusion und Teamarbeit gestalten

Übung 26: Impulsreferat Gute gesunde inklusive Schule (G/K) – Fortsetzung

Zeitumfang	Inhalt und Ziel	Didaktischer Kommentar
	Es gibt aus wissenschaftlicher Sicht ein zentrales Argument für inklusive Schulentwicklung, das Belege aus unterschiedlichen Forschungsrichtungen miteinander vereint: Es ist die Tatsache, dass mit der Inklusion gleichzeitig Kontexte für Zusammenarbeit an Schulen geschaffen werden. Nachfolgend drei Forschungsbereiche und deren Schnittstellen mit dem Thema »kollegiale Zusammenarbeit«.	die »Gesundheits-Ecke« bevorzugt). Dies kann kommentiert werden, indem man darauf verweist, dass jede Ecke geeignet ist. Wenn Gesundheit und Entlastung gewünscht werden, dann sollten wir im Kollegium also die Teamarbeit genauer in den Blick nehmen.
	Gute Schule und kollegiale Zusammenarbeit: Schon in den 1980er Jahren haben Schulforscher*innen herausgefunden, dass feste Kooperationen zwischen Lehrkräften einen positiven Beitrag zur Schulqualität leisten. Sie wirken als Lerngemeinschaften und etablieren einen entwicklungsfreudigen Interaktionsgedanken. Es entstehen produktive Feedback-Kulturen und die Offenheit, gemeinsam Neues zu gestalten.	
	Gesunde Schule und kollegiale Zusammenarbeit: Kollegiale Unterstützung verhilft Lehrkräften nachweislich zu besserer Gesundheit. Sie erleben den Alltag als weniger belastend, können sich nach dem Schultag besser entspannen, und die Anzahl der Krankentage sinkt.	
	Inklusive Schule und kollegiale Zusammenarbeit: Inklusion braucht die Zusammenarbeit der Beteiligten. So ist das Scheitern der Inklusion häufig ein Scheitern der Zusammenarbeit	

4.1 Verstehbarkeit: Ansatzpunkte zur Entwicklung schulischer Teamarbeit

Übung 26: Impulsreferat Gute gesunde inklusive Schule (G/K) – Fortsetzung

Zeitumfang	Inhalt und Ziel	Didaktischer Kommentar
	der Beteiligten. Umgekehrt wird Teamarbeit als eine Gelingensbedingung für Inklusion formuliert.	
30 Min.	▶ Folie 34: Impulsreferat Gute gesunde inklusive Schule 2 In der Definition von Teamarbeit nach Herwig-Lempp (2012, 23 ff) gibt es drei relevante Grundeigenschaften, die Teamarbeit definieren: 1. Ein Team arbeitet an gemeinsamen Zielen. 2. Ein Team nutzt die Unterschiedlichkeit der Teammitglieder. 3. Die Teamarbeit findet in einer geregelten Form statt, über die regelmäßig reflektiert wird. An Schulen ergeben sich hieraus vor allem drei Herausforderungen: 1. Ein Team arbeitet an gemeinsamen Zielen. Problem 1: Es findet keine Verständigung über gemeinsame Ziele statt. 2. Ein Team nutzt die Unterschiedlichkeit der Teammitglieder. Problem 2: Die Teamarbeit bleibt auf fachliche Qualifikationen begrenzt. 3. Die Teamarbeit findet in einer geregelten Form statt, über die regelmäßig reflektiert wird. Problem 3: Es gibt keine geeigneten Strukturen für Teamarbeit, und Reflexion findet nicht statt.	Nach diesem Referatsteil sollte das Arbeitsblatt 11 ausgeteilt und individuell ausgefüllt werden. Es folgt ein Austausch zu den Ergebnissen im Plenum der Frage folgend: Welches Problem ist aktuell bearbeitbar, welcher nächste Schritt könnte anstehen? In Bezug auf die Entwicklungsschritte und Lösungsmöglichkeit sollte auf die nächsten Blöcke des Moduls verwiesen werden. Alternativ kann als Frage ins Plenum gestellt werden, welches Problem momentan vorrangig ist: (1), (2) oder (3). Dazu Austausch am Platz.

4 Inklusion und Teamarbeit gestalten

Übung 26: Impulsreferat Gute gesunde inklusive Schule (G/K) – Fortsetzung

Zeitumfang	Inhalt und Ziel	Didaktischer Kommentar
10 Min.	▶ Folie 35: Impulsreferat Gute gesunde inklusive Schule 3 Die Organisation Schule ist von einer extrem geringen organisatorischen Ausdifferenzierung geprägt. Das Kollegium stellt sich als Gruppe dar, deren Mitglieder in einem losen Verbund miteinander stehen. Sie füllen in der Regel ähnliche Verantwortungsbereiche aus. Gruppen- und Teamstrukturen sind unterentwickelt. Die Schulleitung ist Teil der Gruppe, hat aber andere Aufgaben – in der stark vereinfachten Abbildung gezeigt als Dreiecksform. Mit der Inklusion geht eine Ausdifferenzierung von schulischen Strukturen einher. Ohne Teamarbeit kann Inklusion nicht gelingen. Bildlich gesprochen: Aus der unstrukturierten Gruppe des Kollegiums sollen Teamarbeitsstrukturen gebildet werden. Die Konzentration auf die Arbeit in Jahrgangsteams stellt dabei nur eine von vielen Möglichkeiten dar, schulische Strukturen stärker in Richtung der Teamarbeit zu entwickeln. Seydel (2009) nennt diverse Beispiele, die als Ansatzpunkte für die Entwicklung von Teamarbeit an Schulen gelten können: • Umstrukturierung der Schule in Jahrgangsteams • Weiterentwicklung von Fachkonferenzen als Werkstätten für gemeinsame Unterrichtsvorbereitung	Zunächst kann im Plenum die Frage gestellt werden: »Wo an Ihrer Schule gibt es bereits Zusammenarbeit?« (vertikal d. h. in Hierarchien – horizontal d. h. auf gleicher Hierarchieebene – schulextern)

4.1 Verstehbarkeit: Ansatzpunkte zur Entwicklung schulischer Teamarbeit

Übung 26: Impulsreferat Gute gesunde inklusive Schule (G/K) – Fortsetzung

Zeitumfang	Inhalt und Ziel	Didaktischer Kommentar
	• Reorganisation zentraler Unterrichtseinheiten in fächerübergreifende Projekte • Bildung von Hospitationsteams • Zusammenarbeit in Tandems innerhalb einer Lerngruppe/Teamteaching • Teambildung für den Ganztag	Neben der Schaffung struktureller Rahmenbedingungen für Teamarbeit stellt sich die Frage, wie Lehrkräfte vom Nutzen der Teamarbeit zu überzeugen sein könnten. Denn zunächst bedeutet Teamarbeit Mehraufwand – es müssen Zeiten für Absprachen eingeplant werden, es bedarf des Austauschs über grundlegende Erwartungen und Ziele in der Zusammenarbeit, es müssen Vereinbarungen und Verbindlichkeiten ausgehandelt werden. Die Schulleitung übernimmt mit der Einführung von Teamarbeit ebenfalls neue Aufgaben: Einerseits ist sie bestenfalls ebenfalls in Teamarbeit eingebunden – um Vorbild zu sein, aber auch um die in der Teamarbeit auftretenden Probleme zu verstehen und Lösungswege aufzeigen zu können. Andererseits nimmt sie die Teamentwicklung im Kollegium ernst, indem sie in Mitarbeiter*innengesprächen regelmäßig Reflexion und Begleitung der Teamarbeit anbietet. Auf diese Weise kommen Probleme der Teamarbeit frühzeitig zur Sprache und können in Teambildungsmaßnahmen und Supervision bearbeitet werden.

4 Inklusion und Teamarbeit gestalten

Übung 26: Impulsreferat Gute gesunde inklusive Schule (G/K) – Fortsetzung

Zeitumfang	Inhalt und Ziel	Didaktischer Kommentar
10 Min.	Falls das Arbeitsblatt 11 »Impulsreferat Gute gesunde inklusive Schule/ Teamarbeit« nicht eingesetzt wird, können hier andere Methoden der Teamentwicklung erprobt werden.	Weiterführende Literatur: Erbring, Saskia (2016): Einführung in die inklusive Schulentwicklung. Heidelberg: Carl-Auer.

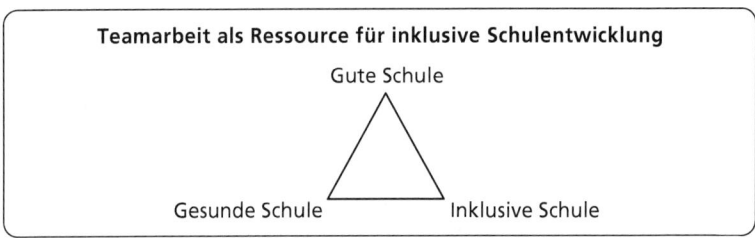

Folie 33: Impulsreferat Gute gesunde inklusive Schule 1

Was ist ein Team?

(1) Ein Team arbeitet an gemeinsamen Zielen.
(2) Das Team nutzt die Unterschiedlichkeit der Teammitglieder.
(3) Die Teamarbeit findet in einer geregelten Form statt, über die regelmäßig reflektiert wird.

Eine lose Gruppe, die sich hin und wieder trifft, ist kein Team.

Teamkompetenz bezieht sich auf die Fähigkeit, Rollen und Beziehungen innerhalb des Teams situationsadäquat zu gestalten.

Folie 34: Impulsreferat Gute gesunde inklusive Schule 2

4.1 Verstehbarkeit: Ansatzpunkte zur Entwicklung schulischer Teamarbeit

Welche Schwierigkeiten treten auf?

zu (1) Ein Team arbeitet an gemeinsamen Zielen.
Es findet keine Verständigung über gemeinsame Ziele statt.

zu (2) Die Teamarbeit findet in einer geregelten Form statt, über die regelmäßig reflektiert wird.
Es gibt keine geeigneten Strukturen für Teamarbeit.

zu (3) Das Team nutzt die Unterschiedlichkeit der Teammitglieder.
Teamarbeit ist nicht multiprofessionell angelegt.

Folie 35: Impulsreferat Gute gesunde inklusive Schule 3

Arbeitsblatt 11: Impulsreferat Gute gesunde inklusive Schule/Teamarbeit

Definition Teamarbeit

1. Ein Team arbeitet an gemeinsamen Zielen.
2. Die Teamarbeit findet in einer geregelten Form statt, über die regelmäßig reflektiert wird.
3. Das Team nutzt die Unterschiedlichkeit der Teammitglieder.

Teamarbeit bezieht sich auf die Fähigkeit, Rollen und Beziehungen innerhalb des Teams situationsadäquat zu gestalten.

Zu (1) Teambildung
Problem: Es ist unklar, wer zum Team gehört.
→ Impulse: _____

Zu (1) Ein Team arbeitet an gemeinsamen Zielen.
Problem: Es findet keine Verständigung über gemeinsame Ziele statt.
→ Impulse: _____

Zu (2)	Die Teamarbeit findet in einer geregelten Form statt, über die regelmäßig reflektiert wird.
Problem:	Es gibt keine geeigneten Strukturen/ Reflexionsmöglichkeiten für Teamarbeit.
→ Impulse:	

Zu (3)	Das Team nutzt die Unterschiedlichkeit der Teammitglieder.
Problem:	Die Teamarbeit ist nicht multiprofessionell angelegt.
→ Impulse:	

4.2 Bedeutsamkeit: Teamressourcen an der eigenen Schule nutzen

Der Abschnitt weist mit seinen Methoden daraufhin, wie schulinterne Ressourcen erschlossen und die Teamentwicklung unterstützt werden können als eine unerlässliche Voraussetzung für eine inklusive Schule.

(a) Teamarbeit Belastung/Entlastung

Übung 27: Arbeitsphase Austausch Teamarbeit Belastung/Entlastung (E/T/G/K)

Zeitumfang	Inhalt und Ziel	Didaktischer Kommentar
30 Min.	Sowohl positive als auch negative Erfahrungen sollten notiert werden: • Inwiefern haben Sie Zusammenarbeit in der Vergangenheit als entlastend erlebt?	Wenn Teamarbeit an einer Schule stärker etabliert werden soll, ist die Anregung der Kolleg*innen zur Reflexion vergangener Erfahrungen von Teamarbeit sinnvoll.

4.2 Bedeutsamkeit: Teamressourcen an der eigenen Schule nutzen

Übung 27: Arbeitsphase Austausch Teamarbeit Belastung/Entlastung (E/T/G/K)
– Fortsetzung

Zeitumfang	Inhalt und Ziel	Didaktischer Kommentar
	• Inwiefern haben Sie Zusammenarbeit in der Vergangenheit als belastend erlebt? Um sich für die anstehenden Aufgaben vorzubereiten, sollte insbesondere die folgende Frage beantwortet werden: Welche Spielregeln sollen für die zukünftige Zusammenarbeit im Team abgeleitet werden?	

(b) Eckengespräche Teamarbeit

Übung 28: Eckengespräche Teamarbeit (G/K)

Zeitumfang	Inhalt und Ziel	Didaktischer Kommentar
30 Min.	Gespräche über die eigenen Gedanken zur Inklusion, und was die Teilnehmer*innen aktuell zu diesem Thema beschäftigt Frage: Woran denken Sie momentan beim Thema Inklusion? • Bestimmte Schüler*innen • Bestimmte Kolleg*innen • Unterricht/Unterrichtsentwicklung • Schule/Schulentwicklung Sobald die Teilnehmer*innen sich auf die Ecken verteilt haben wird ihnen folgende Frage für den Austausch am Platz gestellt: Ist Teamarbeit ein Teil der Lösung oder ein Teil des Problems?	Hierzu können Antwortkarten vorbereitet werden und in die Raumecken ausgelegt werden. Die Teilnehmer*innen gehen dann in die entsprechende Ecke, in denen die für sie zutreffende Antwort liegt. Dort bilden sich Gruppen für den Austausch (»Eckengespräche«).

(c) Skalenarbeit Team

Übung 29: Arbeitsphase Skalenarbeit Team (G/K)

Zeitumfang	Inhalt und Ziel	Didaktischer Kommentar
45 Min.	▶ Folie 36: Skalenarbeit Team Nun geht es um eine Einschätzung der Teamarbeit an der einzelnen Schule. Nacheinander sollen die Teilnehmer*innen ihre Einschätzung festlegen und sich dazu Notizen machen. Auf einer Skala von 1 bis 10 (die 10 steht für Teamschule, überall findet Teamarbeit statt – bei den Schüler*innen, bei den Lehrkräften und im Schulleitungsteam): • Stellen Sie sich Ihre Schule als Teamschule vor. (Notieren Sie die 10 und alles, was Ihnen an Ihrer Schule als Teamschule auffällt.) • Wie stark ausgeprägt ist die Teamarbeit an Ihrer Schule? Wo stehen Sie auf der Skala von 1 bis 10 als Schule in Bezug auf Teamarbeit? (eine Zahl aufschreiben und alles, was den Teilnehmer*innen dazu einfällt) • Und jetzt noch der Blick Richtung 1: Was ist der Unterschied zwischen dem gewählten Skalenwert und einem Wert darunter? (d. h. notieren, was man jetzt hat im Vergleich zum Skalenwert tiefer) Abschließend soll formuliert werden, was angesichts der aktuellen Verortung auf der Skala ein nächster Schritt zur Teamschule ist.	Bei dieser Skalenarbeit soll explizit die Auseinandersetzung mit der Schule als Teamschule stattfinden. Weniger Wert wird auf das Besprechen der fehlenden Werte gelegt, deshalb wird auch in der dritten Frage nicht nach den Defiziten gefragt, sondern nach dem Vorhandenen im Vergleich mit dem niedrigeren Skalenwert. Die Antworten notieren die Teilnehmer*innen auf unterschiedliche Farbkarten. Ein Austausch findet erst ganz am Ende der Gruppenphase statt. Je nach Zeitressource kann der Austausch zunächst in Statusgruppen und dann in den schulbezogenen Tandems stattfinden. Die anstehenden nächsten Schritte können am Ende der Arbeitsphase im Plenum mitgeteilt oder an einer Pinnwand ausgestellt werden.

4.2 Bedeutsamkeit: Teamressourcen an der eigenen Schule nutzen

1	**Teamarbeit an unserer Schule**
2	
3	1 Teamarbeit ist unterentwickelt
4	10 Teamarbeit ist hervorragend
5	Was ist der Unterschied zwischen dem gewählten Skalenwert und einem Skalenwert tiefer?
6	Wie schätze ich die Teamarbeit an unserer Schule auf der Skala von 1 bis 10 ein?
7	Was wäre für mich die 10?
8	= Wir sind eine Teamschule mit Teamarbeit auf allen Ebenen: Bei den Schüler*innen, im Kollegium und der Schulleitung
9	
10	

Folie 36: Skalenarbeit Team

(d) Teamentwicklung mit Kompetenzkarten

Übung 30: Arbeitsphase Teamentwicklung mit Kompetenzkarten (T/G/K)

Zeitumfang	Inhalt und Ziel	Didaktischer Kommentar
60 Min.	Frage an die Teilnehmer*innen: • Mit welcher Ihrer Fähigkeiten bringen Sie sich aktuell vorrangig in die inklusiven Schulentwicklungsprozesse ein? • Wählen Sie drei der Fähigkeiten auf dem Arbeitsblatt 12 »Teamentwicklung mit Kompetenzkarten« unabhängig von der Zuordnung in den Spalten. Die Teilnehmer*innen tauschen sich zu ihrer Kartenauswahl zunächst in den Statusgruppen aus.	Die Fähigkeiten können für die Auswahl auch auf kleine Karten übertragen werden.

4 Inklusion und Teamarbeit gestalten

Übung 30: Arbeitsphase Teamentwicklung mit Kompetenzkarten (T/G/K)
– Fortsetzung

Zeitumfang	Inhalt und Ziel	Didaktischer Kommentar
	▶ Folie 37: Teamentwicklung mit Kompetenzkarten/Schaubild	Nutzen Sie auch das Arbeitsblatt 12 »Teamentwicklung mit Kompetenzkarten«.
	Nun kann die Zuordnung der Spalten anhand der Folie (im Original online farbig) erklärt werden. Die Fähigkeiten bezeichnen vier Bereiche, die in der Teamentwicklung wichtig sind: Jedes Team braucht Menschen, die neues Wissen in das Team einbringen (gelb), Menschen, die sich um die Beziehungen – auch im Team – kümmern (rot) und Menschen, die für Struktur sorgen (grün). Darüber hinaus ist es wichtig, dass Menschen im blauen Feld dabei sind und für Entwicklungsimpulse sorgen (z. B. Humor).	
	Die Karten lassen sich gut in Teams einsetzen, um die Zusammensetzung des Teams zu überprüfen? (Sind alle Farben vorhanden? Was können wir tun, wenn uns eine Farbe fehlt, und bemerken wir dies anhand von Beispielen aus dem Alltag?)	
	Nun wechseln die Teilnehmer*innen in ihre schulbezogenen Tandems und berichten. Weiterführend kann überlegt werden, wie Teams zukünftig zusammenzusetzen sind und wie sie in der Teamentwicklung, z. B. durch die Schulleitung begleitet werden könnten.	

4.2 Bedeutsamkeit: Teamressourcen an der eigenen Schule nutzen

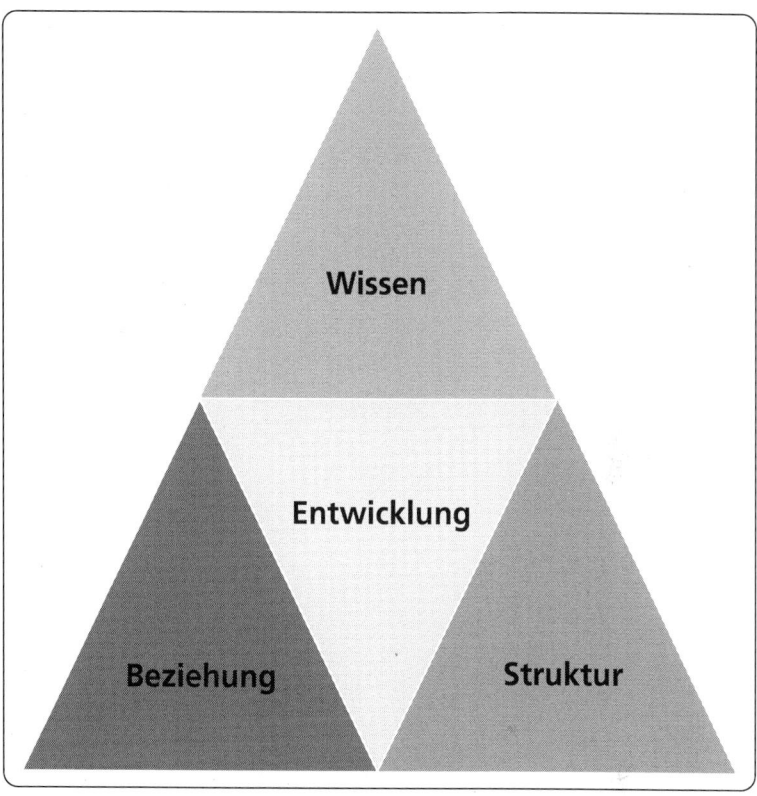

Folie 37: Teamentwicklung mit Kompetenzkarten/Schaubild

Arbeitsblatt 12: Teamentwicklung mit Kompetenzkarten

Erkenntnis, Wissen

- Geht offen und konstruktiv in eine Diskussion
- Zeigt Interesse für neue Themenbereiche
- Kann sich klar positionieren

Beziehung, Miteinander

- Kann sich wertschätzend äußern
- Schenkt anderen Vertrauen
- Trägt zur Gemeinschaftsbildung bei

Ordnung, Struktur

- Kann sich gut struktuieren
- Erkennt rasch Zusammenhänge
- Angemessener Theorie-Praxis-Tranfser

Veränderung, Entwicklung

- Adäguater Umgang mit nicht vorhandenen Wissen
- Kann sich auf sich verändernde Situationen einlassen
- Kann sich auf andere Perspektiven einlassen

4.3 Machbarkeit: Schulische Teamarbeit entwickeln

Die nachfolgenden Methoden geben einen Einblick, wie der Übergang aus einer als problematisch erlebten Situation in einen lösungsorientierten Prozess positiv begleitet werden kann.

(a) Probleme der Umsetzung von Teamarbeit sammeln

Übung 31: Arbeitsphase Probleme der Umsetzung von Teamarbeit sammeln (G/K)

Zeitumfang	Inhalt und Ziel	Didaktischer Kommentar
15 Min.	▸ Folie 38: Probleme Umsetzung von Teamarbeit/Beispiele Auf Moderationskarten werden Probleme im Kontext der Teamarbeit abgefragt. Die häufiger formulierten Probleme werden ausgewählt und auf DinA-4-Blätter übertragen. Es steht nur ein Satz an der Oberkante, der Rest des Blattes bleibt weiß.	Die Probleme können auch im Vorfeld vorbereitet werden, Beispiele s. u.

Beispiele

➢ »Die Lehrkräfte sind wenig interessiert an der systematischen Weiterentwicklung der Zusammenarbeit.«
➢ »Die Lehrkräfte klagen über zeitliche Zusatzbelastung durch Teamarbeit.«
➢ »Ich sehe keine Möglichkeit die Teamentwicklung an meiner Schule zu unterstützen.«
➢ »Ich beobachte keine positive Weiterentwicklung der Teamarbeit an meiner Schule.«

4 Inklusion und Teamarbeit gestalten

> ➤ »Nur einzelne Lehrkräfte kooperieren miteinander. Es gibt keine teamorientierte Schulkultur.«
> ➤ »Konflikte werden selten konstruktiv bearbeitet und gelöst.«
> ➤ »Es gibt zu wenige Verbindlichkeiten in der Zusammenarbeit der Lehrkräfte.«
> ➤ »Einzelne Lehrkräfte engagieren sich in der Zusammenarbeit, anderen klinken sich aus.«
> ➤ »Die Probleme aus den Teams dringen nicht nach außen, so dass keine Hilfestellung geleistet werden kann.«
> ➤ »Die Arbeitstage sind so kompakt, dass wichtige Gespräche oft zwischen Tür und Angel stattfinden.«
> ➤ »Teamtreffen und Absprachen dauern oft sehr lange und sind wenig effektiv.«
> ➤ »Sonderpädagog*innen sind nur wenige Stunden an der Schule.«

Folie 38: Probleme Umsetzung von Teamarbeit/Beispiele

(b) Lösungsorientierung in der Teamarbeit

Übung 32: Lösungsorientierte Arbeitsphase Teamarbeit (G/K)

Zeitumfang	Inhalt und Ziel	Didaktischer Kommentar
30 Min.	Die Gruppen sitzen an je einem Tisch zusammen. Die gesammelten Probleme der Teamarbeit liegen ausgebreitet und auf einzelnen DINA-4-Blättern am Rand des Raumes. Die Gruppenarbeit hat zwei Regeln: 1. Jede*r Teilnehmer*in der Gruppe darf nacheinander eines der Probleme für ihre Gruppe auswählen. Wie lange die Gruppe das Problem bearbeitet, hängt davon ab, wie lange die Gruppe lösungsorientiert daran arbeiten kann. Denn es gilt Regel 2:	In der Gruppenarbeit werden die Skulpturengruppen genutzt oder neue gemischte Gruppen gebildet. Wichtig ist eine gemischte Gruppe mit unterschiedlichen Rollen und Schulleitungen.

Übung 32: Lösungsorientierte Arbeitsphase Teamarbeit (G/K) – Fortsetzung

Zeitumfang	Inhalt und Ziel	Didaktischer Kommentar
	2. Die Gruppe darf nicht über das gewählte Problem sprechen, sondern ausschließlich über mögliche Lösungen. Die Lösungen werden auf dem Zettel notiert.	
15 Min.	Gemeinsam werden die Ergebnisse gesichtet.	

(c) Austausch zu Ergebnissen der Problemlösungen

Übung 33: Arbeitsphase Austausch zu Ergebnissen der Problemlösungen (T/G/K)

Zeitumfang	Inhalt und Ziel	Didaktischer Kommentar
15 Min.	In den schulbezogenen Tandems werden die gesammelten Ideen auf die Schulentwicklung der eigenen Schule adaptiert und nächste Schritte für die teambezogene Schulentwicklung abgeleitet.	
30 Min.	Zum Abschluss werden die nächsten anstehenden Schritte der Einzelschulen im Plenum präsentiert.	

5 Inklusive Schulentwicklung gesund gestalten

5.1 Verstehbarkeit: Umgang mit Inklusion als Mehrbelastung

(a) Als Lehrer*in gesund sein und gesund bleiben

Um die mit den Veränderungsprozessen rund um das Thema schulische Inklusion verbundene Mehrbelastung zu bewältigen, bedarf es gesundheitsorientierter Angebote aus dem Verhaltens- und Verhältnismanagement. Während Angebote des Verhaltensmanagements sich an Einzelpersonen wie Lehrkräfte und Schulleitungen wenden, richtet sich das Verhältnismanagement an die Organisation Schule in ihrem systemischen Aufbau und ihren Prozessen. Ausgangspunkt beider Orientierungen ist die Frage, was Menschen im Kontext Schule gesund erhält. Antworten auf diese Frage bieten Forschungsergebnisse der Salutogenese, die in diesem Modul vermittelt und für die Umsetzung schulischer Inklusion adaptiert werden. Sowohl präventiv als auch intervenierend werden Methoden aus dem Stressmanagement und dem Gesundheitscoaching eingesetzt und mit der Leitung inklusiver Schulen in Verbindung gesetzt.

Psychisch gesunde Lehrkräfte können maßgeblich dazu beitragen, dass ihre Schüler*innen eine erfolgreiche Schulkarriere absolvieren. Dementsprechend fordern Niesekens, Rupprecht und Erbring (2012), dass die Gesundheit von Lehrer*innen keine Privatsache sein dürfe, die alleine den Lehrer*innen überlassen wird. Indem sie einen Beitrag zur Qualitätssicherung der einzelnen Schule und des gesamten Bildungssystems leistet, wird die Gesundheit von Lehrer*innen zur Angelegenheit aller an Bildungspolitik beteiligten Personen. Sowohl Veränderungen schulischer Verhältnisse als auch die Lehrkraft selbst mit ihren individuellen Ressourcen und Kompetenzen sowie ihren subjektiven Bewertungs- und Verarbeitungsweisen sind Ansatzpunkte gesundheitsorientierter Schulentwicklung.

(b) Stressbewältigung

Ob es zu einer Stressreaktion kommt, hängt wesentlich von der Bewertung der äußeren Situation durch das Individuum ab. Stehen nach subjektivem Empfinden genug Ressourcen zur Verfügung, um die Problemlage zu bewältigen, entsteht nur so lange Stress, bis diese Bewältigung vollzogen ist. Im Gegensatz dazu steht der als gesundheitsbelastend empfundene negative Stress, der zu Gefühlen wie Angst und Hilflosigkeit und zu Handlungsverhinderung oder Ausweichverhalten führt. Hält dieser über einen längeren Zeitraum an und kann nicht abgebaut werden, verstärken sich diese Gefühle, es kann zu weiteren sekundären negativen Gefühlen wie Nervosität oder Gereiztheit oder im schlimmsten Fall Depressionen oder aggressivem Verhalten kommen. Für das Arbeitsfeld Schule bedeutet dies, dass die Organisation die Arbeitsbedingungen so gestalten muss, dass langfristige Stressfolgen gar nicht erst entstehen können.

Stress, Belastungen und das Erleben von schwierigen Gefühlen im Berufsalltag lassen sich regulieren. Neben Muskel- und Atementspannungsübungen, die zur schnellen Entspannungshilfe dienen sollen, zählt das bewertungsfreie Wahrnehmen ebenso wie die akzeptierende und zugewandte Haltung gegenüber den eigenen Gefühlen zu den Regulationsmaßnahmen. Auch die effektive Selbstunterstützung, die eine mitfühlende Haltung einem selbst gegenüber ermöglicht, führt dazu, dass ein aufgetretenes Problem angemessen analysiert werden kann und im Anschluss daran Regulierungsmaßnahmen getroffen werden können. Für Lehrkräfte kann es ebenfalls hilfreich sein, sich Grenzen für ihre Arbeitstätigkeit zu stecken und sich realistische und flexible Ziele zu setzen, um dann auch Erfolgserlebnisse erfahren und daraus positive Kraft schöpfen zu können. Aufgrund neuer Anforderung durch inklusive Schul- und Unterrichtsgestaltung müssen Ziele überdacht und an die neuen Bedingungen adaptiert werden. Belastungsrisiken können auch dadurch minimiert werden, dass der Arbeitsalltag organisiert wird und jede Lehrkraft für sich selbst ein Selbstmanagementkonzept entwirft. Denn ein Vorteil des Lehrberufs ist sein großer Handlungsspielraum, die Selbstverantwortung und freiheitliche Gestaltung in Bezug auf viele Aufgabengebiete, die allerdings auch zum Nachteil geraten können, wenn wichtige Techniken zur Selbstorganisation des Arbeitsalltags fehlen oder die Balance zwischen Arbeit und Privatleben nicht eingehalten werden kann. Lehrkräfte brauchen realistische und flexible Ziele, um aus Erfolgserlebnissen Kraft schöpfen zu können. Die Zielsetzungen müssen angesichts der neuen Anforderungen an inklusiven Schulen überprüft und angepasst werden. Belastungsfaktoren sind herausfordernde Verhaltensweisen, große Klassen und hohe Lehrverpflichtung sowie Team- oder Elternarbeit und Lärm.

(c) Ressourcen

Das soziale Klima im Kollegium, die Möglichkeit in Teams und Arbeitsgruppen mitzuwirken und das Schulleitungshandeln sind zentrale Ansatzpunkte. Schulen brauchen eine gemeinsam vereinbarte und von allen getragene Vorstellung einer guten Schule.

Anforderungen werden unter Nutzung interner und externer Ressourcen bewältigt, die entweder aus der Umwelt oder vom Individuum selbst stammen. Personenbezogene Interventionen sollten jedoch mit organisatorischen Maßnahmen einhergehen. Gesundheitsförderung kann an der Stärkung von Schutzfaktoren (Ressourcen) ansetzen, außerdem kann der Arbeitsplatz Schule so verändert werden, dass individuelle und institutionelle Risikofaktoren vermieden, beseitigt oder reduziert werden. Gesundheitsförderung beginnt bereits bei schul- und bildungspolitischen Diskussionen und Entscheidungen. Und schließlich nimmt sie ihren Ausgangspunkt bei der generellen Bildungs- und Erziehungsqualität. Weitere gesundheitsstärkende Faktoren sind Akzeptanz, Schulentwicklung, Visionen und Ziele, Schulklima, Schulleitung und baulich-räumliche Gestaltung.

5.1 Verstehbarkeit: Umgang mit Inklusion als Mehrbelastung

(d) Salutogenese

Die Salutogenese als ganzheitlicher und positiver Gesundheitsbegriff beschreibt Faktoren, die zur Entstehung und Erhaltung von Gesundheit beitragen. Gesundheit ist ein multidimensionaler Begriff, der sowohl körperliche, seelisch-geistige als auch soziale Anteile in sich vereint, die sich wechselseitig beeinflussen. Vor allem der soziale Einfluss darf nicht unterschätzt werden, denn ein gesunder Mensch hat eher die Möglichkeiten einerseits seine Lebenswelt und Umwelt aktiv zu gestalten und andererseits ein positives Selbstbild von sich zu entwickeln und Selbstwirksamkeit zu erfahren. Folglich sollte Gesundheit immer als dynamische Balance zwischen der Person und ihrer Umwelt angesehen werden, die als lebenslange Entwicklungsaufgabe dauerhaft auf den Einzelnen einwirkt.

Gesunde Lehrkräfte verfügen über ein hohes Maß an sozialen und personalen Ressourcen. Sie sehen Anforderungen als Herausforderungen an und nutzen persönlich-psychische Ressourcen wie Achtsamkeit, Selbstwirksamkeit, Distanzierungsfähigkeit, emotionale Stabilität, Ungewissheitstoleranz und Kohärenzsinn. Es sollte vor dem Hintergrund aktueller Studienergebnisse verstärkt darauf geachtet werden, dass Lehrkräfte ihre berufliche Laufbahn mit möglichst guten Ressourcenvoraussetzungen starten und während der Aus- und Weiterbildung stetig Gelegenheit erhalten, entsprechende Ressourcen aufzubauen und weiterzuentwickeln.

Eine gesunde Lehrkraft hat eine deutliche, aber nicht zu exzessive Ausprägung in den Merkmalen, die das Arbeitsengagement anzeigen, einen starken beruflichen Ehrgeiz und eine erhaltene Widerstandskraft, eine optimistische Lebenshaltung sowie Zuversicht und Vertrauen in die eigenen Fähigkeiten. Auch Emotionen und emotionale Kompetenz spielen in diesem Kontext eine sehr große Bedeutung. Darunter wird zum einen das Erfolgserleben im Beruf, die Lebenszufriedenheit und das Erleben von sozialer Unterstützung aus dem Umfeld gezählt, zum anderen aber auch die Fähigkeit, seine Emotionen wahrnehmen und benennen zu können. Die sachliche Benennung kann dann den positiven Effekt mit sich bringen, dass z. B. Schwierigkeiten ohne persönliche Kränkungen geregelt werden oder Verantwortlichkeiten klar zugewiesen werden können. Weitere individuelle gesundheitsfördernde Merkmale sind eine ausgewogene und gesunde Ernährung, der verantwortungsvolle Umgang mit Alkohol und Nikotin, ausreichend Bewegung und sportliche Betätigung sowie das Inanspruchnehmen von Erholungszeiten. Ob Anforderungen als negative Belastung oder als Chance und Herausforderung wahrgenommen werden, hängt letztlich von der Deutung und Bewertung der erlebten Situationen ab. Dabei kann ebenfalls eine beschreibende statt erklärende und bewertende Vorgehensweise helfen, Anforderungen zunächst als solche wahrzunehmen und die vorschnelle Negativbewertung und das Auftreten von negativem Stress gar nicht erst entstehen zu lassen. Unterstützend kann dabei die systemische Beratung oder ein Coaching hinzugezogen werden.

Resümierend lässt sich an dieser Stelle festhalten, dass das Ziel in der Arbeit mit Lehrkräften letztlich immer ist, von einer defizitorientierten Zugangsweise zum Problem hin zur Ressourcenorientierung zu gelangen. Eine entscheidende Ressource für Lehrergesundheit stellt aus salutogenetischer Sicht das Kohärenzgefühl dar. Damit ist das Vertrauen gemeint, gestellte Anforderungen zu verstehen und sie mithilfe zur Verfügung stehender Ressourcen zu bewältigen, sowie das Vertrauen darin, dass sich die Anstrengung dafür lohnt.

(e) Forschung zur Gesundheit von Lehrkräften und Schulleitungen

Ausgehend von einer steigenden Anzahl psychischer und körperlicher Erkrankungen bei Lehrkräften rücken die Gesundheitsrisiken und Arbeitsbedingungen in das Blickfeld von Forschung und Praxis. Als Belastungsfaktoren wurden insbesondere Schüler*innen mit herausfordernden Verhaltensweisen, zu große Klassen und Pflichtstundenanteile herausgearbeitet. Aber auch sozial-kommunikative Aspekte wie Team- oder Elternarbeit und Stressoren wie Lärm bringen psychisches Belastungspotenzial mit sich. Mithilfe der vorhandenen Bewältigungsmöglichkeiten sind die Beanspruchungen oft nicht mehr zu regulieren, so dass sie längerfristig die psychische Gesundheit von Lehrkräften gefährden können. Aus einer transaktionalen Perspektive lassen sich Umweltanforderungen und Personenfaktoren aufeinander beziehen. Hier geraten insbesondere Bewältigungspotenziale des*der Einzelnen in den Blick. Dies lässt sich als eine Akzentverschiebung auf gesundheitserhaltende anstelle von krankmachenden Faktoren in der lehrkraftbezogenen Forschung verstehen. Diese sogenannte salutogenetische Sichtweise untersucht Ressourcen und Widerstandsfaktoren, die es ermöglichen, trotz hoher Anforderungen und belastender Lebensumstände gesund zu bleiben. Auf empirischer Grundlage konnten sich dabei vor allem die Faktoren Selbstwirksamkeitserwartungen, Ungewissheitstoleranz, die Balance von Engagement und Distanzierungsfähigkeit und die Beziehungskompetenz als Widerstandsressourcen bewähren. Neben gesundheitsorientierten Veränderungen schulischer Verhältnisse ist somit die Lehrkraft selbst mit ihren individuellen Ressourcen und Kompetenzen sowie ihren subjektiven Bewertungs- und Verarbeitungsweisen ein zentraler Ansatzpunkt gesundheitsorientierter Schulentwicklung.

Belastungspotenziale bergen auch Kooperationsschwierigkeiten, fehlende Wertschätzung und Belohnung der Arbeit und des Engagements, fehlende Ressourcen oder ineffiziente Organisationsstrukturen und die fehlende Möglichkeit zum Karriereaufstieg. Unter Kooperationsschwierigkeiten ist speziell der Punkt Kommunikation zu fassen, der einerseits als Stressor, andererseits aber richtig ein- und umgesetzt auch als Ressource angesehen werden kann. Bei der Organisation von Schulen lässt sich ansetzen, um Belastungen im Schulalltag zu reduzieren und wertvolle Ressourcen zu identifizieren und zu stärken. Für die einzelne Schule bedeutet das also, dass sie dazu aufgefordert ist, ihre spezifischen Belastungen und Ressourcen zu diagnostizieren und dann entsprechend schulspezifische Maßnahmen einzuleiten. Das soziale Klima im Kollegium, die Möglichkeit in Teams und Arbeitsgruppen mitzuwirken und das Schulleitungshandeln sind zentrale Ansatzpunkte. Schulen brauchen eine gemeinsam vereinbarte und von allen getragene Vorstellung einer ›guten Schule‹. Denn nur dann können die Bemühungen um Entwicklung und Veränderung von Schule Erfolge zeigen. Salutogene Führung bedeutet schließlich, auf der Ebene der Schulorganisation Vereinbarungen in Bezug auf Konferenzen, Dienstgespräche und Regularien zu treffen. Im Führungshandeln sind Wertschätzung, Offenheit, Partizipation und Klarheit besonders wichtig. Über eine gelungene Qualifizierung von Schulleitungen kann eine wesentliche Ressource der Beanspruchungsoptimierung und Gesundheitsförderung erschlossen und gute, gesunde Schulentwicklung gestaltet werden.

(f) Literatur z. B. für einen schulinternen Reader

Bundeszentrale für gesundheitliche Aufklärung (2001): Was erhält Menschen gesund? Antonovskys Modell der Salutogenese – Diskussionsstand und Stellenwert. Köln: BzgA.

Döring-Seipel, E. & Dauber, H. (2010): Was hält Lehrer und Lehrerinnen gesund – die Bedeutung von Ressourcen, subjektiver Bewertung und Verarbeitung von Belastung für die Gesundheit von Lehrern und Lehrerinnen. schulpädagogikheute 2 (1).

Erbring, S. (2012): Mehrbelastung durch Inklusion? Eine neue schulische Herausforderung aus salutogener Sicht. Lernchancen 87/88.Gesundheit und Schule, 75–81.

Nieskens, B., Rupprecht, S. & Erbring, S. (2012): Was hält Lehrkräfte gesund? Ergebnisse der Gesundheitsforschung für Lehrkräfte und Schulen. In: DAK (Hrsg.), Lehrergesundheit – Bausteine einer gesunden Schule (3–59). Köln: Carl Link.

5.2 Bedeutsamkeit: Gesundheitsorientierung im eigenen Kollegium regulieren

Eine gesundheitsorientierte inklusive Schulentwicklung geht davon aus, dass Schulen einen Spielraum in Bezug auf verhaltens- und verhältnisorientierte Maßnahmen ausschöpfen können. Im verhaltensorientierten Teil kommen unterschiedliche Methoden der Stressbewältigung zum Einsatz. Im verhältnisorientierten Teil geht es insbesondere um die Gestaltung von Veränderungsprozessen im Hinblick auf Führung und Leitung der inklusiven Schule.

5.2 Bedeutsamkeit: Gesundheitsorientierung im eigenen Kollegium regulieren

(a) Gesundheitsressourcen Inklusion

Übung 34: Arbeitsphase bzw. Eckengespräche Gesundheitsressourcen Inklusion (E/T/G/K)

Zeitumfang	Inhalt und Ziel	Didaktischer Kommentar
30 Min.	Gespräche über die eigenen Gedanken zur Inklusion, und was die Teilnehmer*innen aktuell zu diesem Thema beschäftigt. Frage: Woran denken Sie momentan beim Thema Inklusion? • Bestimmte Schüler*innen • Bestimmte Kolleg*innen • Unterricht/Unterrichtsentwicklung • Schule/Schulentwicklung Welche der folgenden Gesundheitsressourcen nutzen Sie zur Bewältigung der Aufgabe? • Verstehbarkeit/Orientierung • Bedeutsamkeit • Machbarkeit • Kollegiale Unterstützung	Hierzu können Antwortkarten vorbereitet werden und in die Raumecken ausgelegt werden. Die Teilnehmer*innen gehen dann in die entsprechende Ecke, in denen die für sie zutreffende Antwort liegt. Dort bilden sich Gruppen für den Austausch (»Eckengespräche«).

(b) Auftragskarussell

Übung 35: Arbeitsphase Auftragskarussell (E/T/G/K)

Zeitumfang	Inhalt und Ziel	Didaktischer Kommentar
60 Min.	▸ Arbeitsblatt 13: Auftragskarussell Das entsprechende Arbeitsblatt wird in Einzelarbeit bearbeitet. Hier sollen zunächst in der linken Spalte die	Hierbei handelt es sich um eine intensive Arbeitsphase, bei der eine angenehme Atmosphäre herrschen sollte.

5 Inklusive Schulentwicklung gesund gestalten

Übung 35: Arbeitsphase Auftragskarussell (E/T/G/K) – Fortsetzung

Zeitumfang	Inhalt und Ziel	Didaktischer Kommentar
	ausgesprochenen oder unausgesprochenen Erwartungen formuliert werden, die Personen im schulischen Umfeld an die Teilnehmer*innen richten. Diese als Appell gehörten Botschaften enthalten auch einen Sachaspekt, eine Aussage über die Sender sowie eine Aussage darüber, wie Sender und Empfänger zueinanderstehen (Beziehungsaspekt). Diese Aspekte werden analysiert und schließlich in der rechten Spalte entschieden, ob der ›Auftrag‹ angenommen, abgelehnt oder umformuliert wird. Dabei können im Anschluss an die Einzelarbeitsphase auch die Austauschpartner*innen helfen. Der Austausch findet in den Statusgruppen statt.	Die Teilnehmer*innen erleben die Erwartungen oftmals als überhöht und können sich nur schwer davon abgrenzen. Der Austausch sollte keinesfalls in den schulbezogenen Tandems stattfinden, weil die Erwartungen auch zwischen Schulleitung und Sonderpädagog*innen/ Lehrkräften aus dem Kollegium bestehen.

5.2 Bedeutsamkeit: Gesundheitsorientierung im eigenen Kollegium regulieren

Arbeitsblatt 13: Auftragskarussell

Was erwarten folgende Personen/Institutionen/Gruppen vermutlich von mir?
Nehme ich alle Aufträge an? (Aufträge können auch umformuliert oder abgelehnt werden)

Erwartung (Auftrag) an mich		Umformulierung der Erwartung
Wer? Erwartung an mich (Appell):	Sachaspekt:	
	Selbstmitteilung:	
	Beziehungsaspekt:	
Wer? Erwartung an mich (Appell):	Sachaspekt:	
	Selbstmitteilung:	
	Beziehungsaspekt:	
Wer? Erwartung an mich (Appell):	Sachaspekt:	
	Selbstmitteilung:	
	Beziehungsaspekt:	
Wer? Erwartung an mich (Appell):	Sachaspekt:	
	Selbstmitteilung:	
	Beziehungsaspekt:	
Wer? Erwartung an mich (Appell):	Sachaspekt:	
	Selbstmitteilung:	
	Beziehungsaspekt:	
Wer? Erwartung an mich (Appell):	Sachaspekt:	
	Selbstmitteilung:	
	Beziehungsaspekt:	

(c) Einwandbehandlung

Beispiele für Einwände

- Was sollen wir denn noch alles machen?
- Die guten Schüler*innen sollen immer nur ihre Sozialkompetenz weiterentwickeln.
- Für Inklusion sind die Förderlehrer*innen zuständig.
- Zuerst einmal benötigen wir gesicherte Ressourcen.
- Ich habe eine Schülerin mit herausforderndem Verhalten, die sämtliche Unterstützungsangebote und Maßnahmen verweigert.
- Wir müssen alle Inklusionskinder genau kennen, wenn Inklusion funktionieren soll.
- Es gibt noch mehr Konflikte, dabei reichen die überbehüteten Kinder mit ihren Ansprüchen schon aus...
- Ich habe jetzt schon genug auffällige Kinder in meiner Klasse.
- Und wer achtet auf meine Ressourcen?
- Für Inklusion habe ich keine Zeit. Wir schaffen so schon kaum unseren Stoff.
- In meiner Klasse sind 30 Schüler*innen. Da funktioniert Inklusion nicht.
- Die Sonderpädagogin ist nie da.
- Die wenigen sonderpädagogischen Ressourcen lassen sich nicht flexibel genug und sinnvoll einsetzen.
- Haltungen von Regellehrer*innen und Sonderpädagog*innen knallen wie zwei Welten aufeinander und lassen sich nur schwer vereinbaren.
- Regellehrer*innen sind Einzelkämpfer*innen, es ist kaum Team oder Austausch möglich.
- Es fehlt vorne und hinten an Zeit für Absprachen, Team, gemeinsame Unterrichtsplanung.
- Irgendwann ist genug! Immer noch mehr kann man nicht leisten, wo bleibt die Entlastung!
- Es fehlt an Ausbildung, um Kinder mit sonderpädagogischem Förderbedarf zu fördern.
- Wie soll man allen Kindern gerecht werden?
- Wie schaffe ich es, nicht zum Materialautomat zu werden?

5.2 Bedeutsamkeit: Gesundheitsorientierung im eigenen Kollegium regulieren

- Wo bekomme ich in der Fülle Material her, vor allem variierendes, weil man ständig wiederholen muss?
- Wie führe ich die Gruppen zusammen? Die Blitzbirnen werden nämlich jetzt noch schneller, das Problem vergrößert sich.
- Wie bringe ich Pia (sehr introvertiert) dazu zu kommunizieren, mit dem Lehrer oder mit der Klasse?
- Organisation und Anlage von klassenübergreifender Projektarbeit zwischen mehreren Kindern mit zieldifferentem Förderbedarf.
- Kommunikationsstrukturen zwischen den unterschiedlichen ›Förderern‹ (Fachlehrer*innen, Klassenlehrer*innen, Schulbegleiter*innen etc.).
- Hilfen bei Frustration (Freund*innen finden/alle anderen sind viel, viel schneller und besser: ich kann nichts – die anderen können alles).

Übung 36: Arbeitsphase Einwandbehandlung (T/G/K)

Zeitumfang	Inhalt und Ziel	Didaktischer Kommentar
15 Min.	Auf Moderationskarten werden Einwände gesammelt, die aus dem Kollegium gegenüber der Umsetzung von Inklusion kommuniziert worden sind.	Einwände können auch im Vorfeld per Mail abgefragt werden, Beispiele s. u.
75 Min.	Übung zur Einwandbehandlung: Analyse von Einwänden und Entwicklung von Varianten des konstruktiven Umgangs damit ▶ Arbeitsblatt 14: Formulierungshilfen Einwände Zentrale Leitfrage bei der Übung ist: Welcher positive Wert steht hinter diesem Einwand? (Solche Werte sind z. B. Ergebnisorientierung, Befindlichkeit, Verantwortung, Planungssicherheit, Kontrolle, Disziplin, Offenheit, Konstanz, Kreativität etc.). Dann wird die Einwandbehandlung anhand der	Gemischte Gruppen mit unterschiedlichen Schulformen sind wichtig, auch die Statusgruppen sollten gemischt werden.

5 Inklusive Schulentwicklung gesund gestalten

Übung 36: Arbeitsphase Einwandbehandlung (T/G/K) – Fortsetzung

Zeitumfang	Inhalt und Ziel	Didaktischer Kommentar
	Formulierungshilfen im Rollenspiel geübt.	
45 Min.	Präsentation eines Rollenspiels zur erfolgreichen Einwandbehandlung.	
45 Min.	In den schulbezogenen Tandems werden die gesammelten Ideen auf die Schulentwicklung der eigenen Schule bezogen.	

Arbeitsblatt 14: Formulierungshilfen Einwände

Relativieren:	»Für die Übergangszeit brauchen wir sicherlich eine Regelung, wie…«
Vergleichen:	»Im Vergleich womit ist…?«
Überprüfen:	»Wie würden Sie/würdest du merken, dass…?«
Ziel definieren:	»Was wäre dann anders, wenn das Ziel erreicht ist? Was ist der Unterschied?«
Befindlichkeit:	»Wie geht es Ihnen/dir damit, dass…?«
Kreativität:	»Sind Sie/bist du bereit, es herauszufinden?«
Zirkuläre Fragen:	»Was glauben Sie/glaubst du, denke ich/denkt XYZ darüber?«
Bedingte Zustimmung:	»Verstehe, ich denke aber auch, dass…«
Umdeuten:	»Genau. Deshalb ist es ja…«
Vorteil- Nachteil:	»Das lässt sich nicht vermeiden. Allerdings…«
Argument vorwegnehmen:	»Ich weiß, dass…«

5.2 Bedeutsamkeit: Gesundheitsorientierung im eigenen Kollegium regulieren

Arbeitsblatt 15: Einwände und positive Werte

Äußerung	Positiver Wert dahinter
•	•

Beispiele:

Äußerung	Positiver Wert dahinter
»Was sollen wir denn noch alles machen?«	Verständnis Prioritäten
»Ich habe jetzt schon auffällige Kinder in meiner Klasse.«	Konstanz Ordnung
»Für Inklusion habe ich keine Zeit. Wir schaffen so schon kaum unseren Stoff.«	Offenheit Unterstützung
»Ich habe eine Schülerin mit herausforderndem Verhalten, die sämtliche Unterstützungsangebote und Maßnahmen verweigert.«	Erfolg Wirksamkeit
»Und wer achtet auf meine Ressourcen?«	Fürsorge

5.3 Machbarkeit: Fokussierung auf Gesundheit im eigenen Kollegium

(a) Gesundheit mit Symbolen

Übung 37: Arbeitsphase Gesundheit mit Symbolen (E/T/G/K)

Zeitumfang	Inhalt und Ziel	Didaktischer Kommentar
30 Min.	Anhand von kleinen Symbolen fokussieren die Teilnehmer*innen ihren individuellen Gesundheitsbegriff. Der individuelle Zugang wird gestützt durch Definitionen der WHO, die betonen, dass jeder Mensch eine eigene Schwerpunktsetzung hat und die Ziele der Gesundheitsförderung deshalb individuell formuliert werden müssen. Es werden kleine Symbole gezeigt, welche die unterschiedliche Orientierungsrichtung anzeigen. Diese können von den Teilnehmer*innen kombiniert und in ihre persönliche Definition von Gesundheit aufgenommen werden. Gesundheit bedeutet für mich: • Orientierung haben (Kompass) • Sozial eingebunden sein (zwei Figuren) • Mich abgrenzen können (Schlüssel) • In mir ruhen (Buddha) • Mir etwas gönnen (Nagellack) • Etwas Schönes tun (Salat- oder Blumensamen)	Sitzordnung im Stuhlkreis. Die Teilnehmer*innen sollen sich Notizen machen. Es sollte betont werden, dass nicht die Abwesenheit von Gesundheit beschrieben werden soll, sondern was da ist (Positivdefinition) – die Tendenz ist nämlich, zu sagen: Gesundheit bedeutet für mich, keinen Stress zu haben etc.

5.3 Machbarkeit: Fokussierung auf Gesundheit im eigenen Kollegium

(b) Eigene Definition von Gesundheit

Übung 38: Arbeitsphase Eigene Definition von Gesundheit (E/T/G/K)

Zeitumfang	Inhalt und Ziel	Didaktischer Kommentar
20 Min.	Vorgeschlagen wird hier eine Definition von Gesundheit nach Siebach: »Psychisch gesund ist ein Mensch, der sich engagiert und doch entspannt den internen und externen Anforderungen stellt.« Diese Definition kann im Plenum besprochen werden: • Wie grenze ich mich ab? • Wie bleibe ich engagiert?	Flipchart, Sitzordnung im Stuhlkreis

(c) Skalierung Gesundheit

Übung 39: Arbeitsphase Skalierung Gesundheit (G/K)

Zeitumfang	Inhalt und Ziel	Didaktischer Kommentar
40 Min.	Skalierung Krankheit zu Gesundheit von 1 bis 10 Der Gesundheitsbegriff der Salutogenese sieht Gesundheit und Krankheit nicht als sich gegenseitig ausschließende Faktoren an, sondern versteht Gesundheit und Krankheit als Pole, die miteinander verbunden sind. Demnach sind Menschen nie vollständig krank, sondern haben stets zugleich Gesundheitsressourcen, die mehr oder weniger stark aktiviert sind. Diese Idee lässt sich mit einer Skalierungsaufgabe umsetzen. Ausgelegt wird eine Skala von 1 bis 10. Die Teilnehmer*innen haben mit ihrer individuellen Definition von	Falls sich jemand auf die 1 stellt, so kann die zweite Aufgabe zu den Ressourcen ebenfalls bearbeitet werden: Was ist irgendwie noch vorhanden z. B. mit Blick auf eine 0? Natürlich ist die Teilnahme an der Skalierungsarbeit freiwillig und kann auch ohne Aufstellung im Raum bearbeitet werden. Weiterführende Literatur: Bundeszentrale für gesundheitliche Aufklärung (Hrsg.) (2001):

5 Inklusive Schulentwicklung gesund gestalten

Übung 39: Arbeitsphase Skalierung Gesundheit (G/K) – Fortsetzung

Zeitumfang	Inhalt und Ziel	Didaktischer Kommentar
	Gesundheit (s. o.) die 10 der Skala bestimmt, also ihr vollstes Maß an Gesundheit. 1 dagegen wäre die weitgehende Abwesenheit von Gesundheit, also der Pol Krankheit. • Nun soll sich jede*r auf der Skala dort positionieren, je nachdem wie das Verhältnis von Krankheit und Gesundheit in der aktuellen Situation eingeschätzt wird. Es folgt ein Austausch an der Position mit denjenigen, die ebenfalls dort stehen. • Im nächsten Schritt wird der Blick auf die Ressourcen gerichtet. Während soeben tendenziell besprochen wurde, was gemessen an der 10 im Moment fehlt, so wird nun genannt, was mit Blick auf die 1 momentan an Ressourcen vorhanden ist.	Was erhält Menschen gesund? Antonovskys Modell der Salutogenese – Diskussionsstand und Stellenwert. Köln: BzgA.

(d) Gesundheitsressourcen

Übung 40: Arbeitsphase bzw. Eckengespräche Gesundheitsressourcen (G/K)

Zeitumfang	Inhalt und Ziel	Didaktischer Kommentar
45 Min.	Ziel der Gruppenphase ist das Auffinden salutogener Ressourcen in der eigenen Schule. Dazu werden vier Ressourcen vorgestellt, die im Salutogenese-Ansatz zentral sind: • Verstehbarkeit: »Ich weiß ...« (Ich habe Orientierung)	Die vier Ressourcen können auf Karten geschrieben werden und in die vier Ecken des Raumes gelegt werden. Wichtig ist zu betonen, dass alle gleichwertig wichtig sind. Es entstehen dadurch

5.3 Machbarkeit: Fokussierung auf Gesundheit im eigenen Kollegium

Übung 40: Arbeitsphase bzw. Eckengespräche Gesundheitsressourcen (G/K) – Fortsetzung

Zeitumfang	Inhalt und Ziel	Didaktischer Kommentar
	• Machbarkeit: »Ich kann ...« (Ich habe die Fähigkeiten und Mittel und weiß, wie es geht) • Sinnhaftigkeit: »Ich will ...« (Ich kenne den Nutzen) • Unterstützung: »Wir ...« (Ich bin nicht alleine; ich habe und gebe Unterstützung) Zunächst sind die Fragen zu beantworten: • Welche der Ressourcen haben Sie im Moment gut verfügbar (entscheiden Sie sich für eine)? • Worin sehen Sie den Zusammenhang zwischen dieser Ressource und Schulentwicklung hin zur inklusiven Schule? • Wie nutzen Sie ihre starke Ressource als Schulleitung bzw. in der Rolle als Sonderpädagog*in, Regelschullehrer*in? • Welche Ressourcen möchten Sie zukünftig ausbauen?	nach jeder Frage Austauschmöglichkeiten in den Ecken (»Eckengespräche«).

(e) Selbsteinschätzung Ressourcen

Übung 41: Arbeitsphase Selbsteinschätzung Ressourcen (E/T/G/K)

Zeitumfang	Inhalt und Ziel	Didaktischer Kommentar
15 Min.	▶ Arbeitsblatt 16: Selbsteinschätzungsbogen Einzelarbeitsphase mit den Selbsteinschätzungsbögen	Optional mit Austauschmöglichkeit mit einem selbstgewählten Menschen aus der Gruppe

5 Inklusive Schulentwicklung gesund gestalten

Arbeitsblatt 16: Selbsteinschätzungsbogen

Die sieben wichtigsten Gesundheits-Ressourcen für Lehrkräfte

Positive Einstellung zu den eigenen Wirkungsmöglichkeiten (Selbstwirksamkeit)	1 2 3 4 5 6 7 8 9 10
Bereitschaft, sich Ziele zu stecken und diese zu verfolgen (Engagement)	1 2 3 4 5 6 7 8 9 10
Erfahrung von Sinn im eigenen Tun (Bedeutsamkeit der Arbeit)	1 2 3 4 5 6 7 8 9 10
Widerstandkraft (Distanzierungsfähigkeit)	1 2 3 4 5 6 7 8 9 10
Ungewissheit und Widersprüchlichkeiten aushalten (Ambivalenz-Management)	1 2 3 4 5 6 7 8 9 10
Achtsamkeit und positive Emotionen (Selbstsorge)	1 2 3 4 5 6 7 8 9 10
Gefühl, sozial aufgehoben zu sein (soziale Unterstützung)	1 2 3 4 5 6 7 8 9 10

Welche ist Ihre stärkste Ressource?

-
-

(f) Antreiber- und Erlaubersätze

Übung 42: Arbeitsphase Antreiber- und Erlaubersätze (T/G/K)

Zeitumfang	Inhalt und Ziel	Didaktischer Kommentar
30 Min.	Vorgestellt werden fünf verschiedene kognitive Stressverstärker, die als Sätze (Appelle) ausformuliert sind. • Sei stark. • Sei perfekt. • Mach es allen recht. • Beeil dich. • Streng dich an. Anhand von Beispielen aus dem Schulalltag werden die Antreibersätze (Appelle) erläutert und als Stressverstärker markiert. Die Teilnehmer*innen identifizieren nun den für sie wirksamsten Antreibersatz, den sie aus ihrem Alltag kennen und der ihnen immer wieder das Leben schwer macht. Über die Zuordnung zu den Sätzen formieren sich die Arbeitsgruppen für die folgende Gruppenarbeitsphase.	Sitzordnung im Stuhlkreis
60 Min.	In den formierten Gruppen arbeiten die Teilnehmer*innen mit folgendem Arbeitsauftrag: • Allgemeiner Austausch zum gewählten Antreibersatz • Welche positiven Begleiterscheinungen und welchen Gewinn hat der Antreibersatz für mich? (z. B. soziale Anerkennung, hohe Leistungen, Lob, Erfolge, Recht sich zu beschweren, intensive Gefühle) • Welche negativen Folgen hat der Antreibersatz in meinem Leben?	Es sollte darauf hingewiesen, dass die Reihenfolge der Fragen unbedingt einzuhalten ist. Es besteht nämlich die Tendenz, die zweite Frage auszulassen.

Übung 42: Arbeitsphase Antreiber- und Erlaubersätze (T/G/K) – Fortsetzung

Zeitumfang	Inhalt und Ziel	Didaktischer Kommentar
	(z. B. Erschöpfung, familiäre Spannungen, Schlafstörungen, Erkrankung, negative Stimmung, Unlust) • Welche Erlaubnis kann ich mir geben (Erlaubersatz), um den kognitiven Stressverstärker (Antreibersatz) zu relativieren bzw. rechtzeitig zu stoppen? (z. B. Mache deine Aufgaben gut und würdige die erreichten Erfolge. Oder: Plane regelmäßige Pausen ein und halte dich an diesen Plan)	
30 Min.	Im Plenum werden die gefundenen Erlaubersätze vorgestellt.	Es kann empfehlenswert sein, beim Vorlesen der Antreibersätze die Gruppe zu fragen, ob der Satz überzeugend vorgebracht wurde. Falls nicht, wiederholen lassen, um die Ernsthaftigkeit der Übung zu betonen.

(g) Zeitmanagement

Übung 43: Arbeitsphase Zeitmanagement (E/T/G/K)

Zeitumfang	Inhalt und Ziel	Didaktischer Kommentar
45 Min.	▸ Arbeitsblatt 17: Zeitmanagement Hinweise zum Zeitmanagement nach der Eisenhower-Methode: • Was ist dringend und wichtig? Höchstens ein bis zwei pro Tag.	

5.3 Machbarkeit: Fokussierung auf Gesundheit im eigenen Kollegium

Übung 43: Arbeitsphase Zeitmanagement (E/T/G/K) – Fortsetzung

Zeitumfang	Inhalt und Ziel	Didaktischer Kommentar
	• Was ist dringend und nicht wichtig? Höchstens 20 % der Zeit. • Was ist wichtig und nicht dringend? Trotzdem gründlich und zeitnah bearbeiten. • Was ist nicht wichtig und nicht dringend? Delegieren oder beenden.	

Arbeitsblatt 17: Zeitmanagement

Das Eisenhower-Schema zur Priorisierung von Tätigkeiten

	dringend	nicht dringend
wichtig	wichtiges Tagesgeschäft (höchstens 1-2 pro Tag)	Grundlegendes/Qualitätssicherung (gründlich + zeitnah)
nicht wichtig	Routine und Kleinkram (höchstens 20 % der Zeit)	Überflüssiges und Triviales (Zeitvernichter loswerden)

Welche entlastenden Veränderungsmöglichkeiten können Sie ableiten?

6 Perspektiven inklusiver Schulentwicklung gestalten

6.1 Verstehbarkeit: Inklusion im Paradigmenwechsel zur Problemlösung

(a) Schulentwicklungsimpulse zu Diversität

In Deutschland bilden die Ziele Chancengerechtigkeit, Leistungsorientierung und Wohlbefinden noch eine große Herausforderung und sind als ein Spannungsfeld anzusehen, welches es in den schulischen Entwicklungsprozessen der kommenden Zeit zu bearbeiten gilt. Die inklusive Schule nimmt Diversität in den Lerngruppen als Potenzial wahr und formiert hier den Ausgangspunkt für eine neue Lern- und Schulkultur.

- Chancengleichheit: Schulen haben die Aufgabe sicherzustellen, dass alle Schüler*innen ihr Bildungspotenzial voll entfalten können. Die Schüler*innen haben einen Anspruch auf individuelle und passgenaue Lernangebote, es bedarf einer prozessbegleitenden Diagnostik und geschultem Personal, das in der Lage ist, auf die individuellen Bedürfnisse zu reagieren und zugleich den gruppendynamischen Prozess zu gestalten.
- Leistungsorientierung: Schulische Bildung verfolgt das Ziel, Schüler*innen zu bestmöglichen Leistungen zu befähigen und sie dabei zu unterstützen, möglichst hohe Kompetenzniveaus zu erreichen.
- Wohlbefinden: Schüler*innen sollen in einer Lernumgebung lernen und leben, in der sie sich wohlfühlen und in der ihre individuellen Bedürfnisse Beachtung finden. Ist diese Bedingung erfüllt, so ist eine hohe intrinsische Lern- und Leistungsmotivation zu erwarten.

6.1 Verstehbarkeit: Inklusion im Paradigmenwechsel zur Problemlösung

Die drei Zieldimensionen und deren schulische Ausgestaltung weist nachdrücklich auf eine komplexe Anforderungsstruktur hin, an der sich Schulsysteme im 21. Jahrhundert sowohl bezüglich ihrer Organisationsstrukturen als auch bezüglich ihrer Lernkulturen orientieren müssen. Unterricht in heterogenen Lerngruppen, der zur Entfaltung des vollen Potenzials jedes*r einzelnen Schüler*in beitragen soll, bedarf mehrerer Ausgangsbedingungen: Zunächst ist an Schulen die Frage zu beantworten, was Inklusion in ihrem Verständnis bedeutet und inwiefern eine Passung zu bereits umgesetzten Konzepten der Schul-, Unterrichts- und Personalentwicklung besteht. In der Entwicklung hin zu einer an Diversität orientierten Schule wird zunehmend individuelle Förderung, Binnendifferenzierung und zieldifferenter Unterricht praktiziert. Die inklusive Schule nimmt Diversität in den Lerngruppen als Potenzial wahr und formiert hier den Ausgangspunkt für eine neue Lern- und Schulkultur.

Da die Umsetzung von Inklusion im deutschen Bildungs- und Schulsystem neben dem enormen Potenzial auch große Herausforderungen mit sich bringt, lohnt sich der Blick ›über den Tellerrand‹ auf Schulsysteme mit langjährigen Erfahrungen in der Umsetzung von Inklusion. Sliwka (2014) betont die gewinnbringenden Erkenntnisse, die aus einer gezielten Auseinandersetzung mit solchen Systemen, hier exemplarisch aufgezeigt am Beispiel der Provinz Alberta in Kanada, gezogen werden können. Alberta hat sein Schulsystem bereits 1972 auf eine inklusive Bildung umgestellt und sich den damit verbundenen schulstrukturellen und schulkulturellen Anforderungen gestellt. In ihrer Analyse über die Besonderheiten dieses Schulsystems geht die Autorin zunächst von den drei zentralen Zieldimensionen schulischer Bildung aus: Chancengerechtigkeit, Leistungsorientierung und Wohlbefinden von Schüler*innen und Lehrkräften. Auf Grundlage dieser Prämissen lassen sich die strukturellen Merkmale betrachten, mit denen das Schulsystem von Alberta auf die Herausforderungen von Diversität und Inklusion reagiert hat.

Die Priorität der diversitätsorientierten Sichtweise wird in den Bildungsprogrammen an kanadischen Schulen schon lange praktiziert, so dass dieses Land als Beispiel für ein innovatives Schulsystem gelten kann. In den PISA-Studien zeichnete sich Kanada stets durch geringe Schüler*innenzahlen in den Risikogruppen und vergleichsweise hohe Anteile von Schüler*innen in den Spitzengruppen aus. Zwar herrscht in Kanada wie auch in Deutschland ein föderales System vor, das die Bildungshoheit der einzelnen Provinzen mit sich bringt. Allerdings weist es im Gegensatz zu Deutschland ein hohes Maß an Übereinstimmung in den Schulstrukturen und in der Organisation von Schulen und im Schulsystem auf. Bedeutsam ist auch, dass in unserem Beispiel Alberta alle staatlichen Schulen inklusive Schulen sind, in denen Schüler*innen mit unterschiedlichen Lernvoraussetzungen gemeinsam beschult werden. Konsequenterweise bauen alle Schulen auf der Idee von Diversität als zentralem Wert und Leitbild schulischer Bildung auf. Neben der Einbindung von Schüler*innen mit unterschiedlichsten Beeinträchtigungen und Begabungen ist es dem Land ein Anliegen, Kinder und Jugendliche aus ›First-Nations-Familien‹ zu fördern. Einheitlichkeit und Struktur zeigt sich in diesem Schulsystem auch darin, dass es insgesamt auf einem Kompetenzmodell basiert, das zentrale Kompetenzen in den Kernfächern für die unterschiedlichen Klassenstufen abbildet. Diagnostik und Förderung erfolgen anhand dieses Modells. Übergeordnetes Ziel für die professionellen Mitarbeiter*innen im Bildungssystem ist es, dass möglichst viele Schüler*innen durch passgenaue Förderung die Kompetenzstufe 3 erreichen. Zur Verwirklichung dieses Ziels halfen und helfen ihnen sowohl Personalentwicklungsmaßnahmen, die für die Zuweisung von Personal- und Sachressourcen durchgeführt wurden, als auch sogenannte ›Individual Programme Plans (IPP)‹. Dahinter verbergen sich individuelle Förderpläne, die auf einer Diagnostik basieren und alle drei Monate überprüft, modifiziert und fortgeschrieben werden, wobei jedem Kind ein ›Learning Support Team‹ zur Seite steht. Die kollegiale Zusammenarbeit auf allen Systemebenen ist dabei ein entscheidendes Merkmal.

(b) Lernprinzipien für Diversität und Inklusion

Im Anschluss daran zeigt Sliwka (2014) anhand transversaler Lernprinzipien schulkulturelle Standards auf, die in Wechselwirkung mit den Strukturmerkmalen eine positive Kultur, Diversität und Inklusion gewährleisten. Diese lauten nacheinander aufgelistet im Wortlaut:

- Wirksame Lernumgebungen gehen sensibel mit menschlicher Diversität um und nehmen Vorerfahrungen und Vorwissen von Lernenden ernst.

- Wirksame Lernumgebungen aktivieren die Lernenden und entwickeln in ihnen ein Verständnis des eigenen Lernprozesses.
- Wirksame Lernumgebungen erkennen Motivation und Emotion als treibende Kräfte von Lernprozessen.
- In wirksamen Lernumgebungen ist Lernen als sozialer Prozess organisiert, der Schüler*innen eine Vielfalt an lernförderlichen Sozialsituationen bietet.
- Wirksame Lernumgebungen bieten Lernenden Herausforderungen und erwarten von ihnen Leistungen in ihrer individuellen ›Zone der nächsten Entwicklung‹
- Wirksame Lernumgebungen schaffen Transparenz in Bewertungskriterien und sehen Leistungsrückmeldung im Dienste der Lern- und Entwicklungsförderung.
- Wirksame Lernumgebungen schaffen horizontale Vernetzungen zwischen Wissensgebieten und zur Lebenswelt.

Anhand dieser Überlegungen zur Weiterentwicklung von Schulen kann auch in Deutschland ein inklusives Schulsystem mit intelligenten, binnendifferenzierten Strukturen und einer inklusiven Lernkultur, orientiert am Forschungsstand, zu wirksamem Lernen gestaltet werden.

(c) Drei Sinndimensionen schulischer Inklusion

Im systemischen Ansatz inklusiver Schulentwicklung werden bei Erbring (2016) drei Sinndimensionen unterschieden: sachliche, soziale und zeitlichen Dimension. Die Dimensionen helfen dabei zu überprüfen, wo vorrangig Klärungs- und Entwicklungsbedarf besteht, wo externe Unterstützung angesagt sein könnte und wie eine Ausrichtung möglicher Entwicklungsimpulse erfolgen kann. Die Unterscheidung der Dimensionen erleichtert auch die Auftragsklärung bei externer Prozessberatung und Absprachen über Inhalte und Methoden der Prozessbegleitung.

- Die sachliche Dimension steht für thematische Grundlagen zur anstehenden Veränderung. Es geht um die inhaltliche Zielfindung und die Neuorientierung in Bezug auf die Thematik Inklusion.

- Die soziale Dimension fokussiert den sozialen Umgang innerhalb der Organisation und über die Organisationsgrenzen hinweg. Hier wird die Regulation des Miteinanders in den Blick genommen, die durch externe Berater*innen moderiert bzw. supervisiert werden kann. Dabei sind insbesondere Beobachtungsmöglichkeiten zur Kommunikation und zur organisationsinternen Zusammenarbeit hilfreich.

- Die zeitliche Dimension bezieht sich auf das Spannungsfeld zwischen Vergangenheit und Zukunft, zwischen ›Altem‹ und ›Neuem‹, zwischen Gewohntem und Visionärem. Das Verlassen des Vertrauten setzt Ängste frei. Hier ist das Nachdenken über die aktuelle Situation gefragt. Besonders wichtig ist dabei herauszufinden, welche Ressourcen aus dem ›Bewährten‹ in die Gestaltung des ›Neuen‹ übernommen werden können.

(d) Ansatzpunkte für inklusive Schulentwicklung

Aus systemischer Sicht verändert sich eine Organisation dann, wenn sich ihre Programme, ihre Strukturen, ihre Mitglieder oder ihre Kulturen verändern. Nachfolgend werden diese Ansatzpunkte kurz erläutert und anhand spezifischer Leitfragen gezeigt, wie in der jeweiligen Dimension Entwicklungsprozesse angeregt werden können.

- Die Veränderung organisationsinterner Programme, d. h. die Veränderung von Regeln und Routinen für wiederholende Anforderungen: Wie zeigt sich Inklusion in unseren schulischen Routinen und Abläufen? Was sind unsere pädagogischen Leitziele? Inwiefern sind darin die Anliegen der Inklusion vertreten? Wie gehen wir damit um, wenn die üblichen Handlungsmuster und Routinen nicht greifen? Welche unserer Konzepte zur Teamarbeit sind für die Umsetzung von Inklusion nützlich? Welche Rolle spielt die Sonderpädagogik dabei? Wie sorgen wir für die kontinuierliche Weiterentwicklung inklusiver Programme?
- Die Veränderung organisationsinterner Strukturen, d. h. von Mustern der Kommunikation, die durch wechselseitige Erwartungen an Rollen/Rolleninhaber*innen und deren Funktionen entstehen und reproduziert werden: Wie wird Inklusion strukturell unterstützt? Welche

6.1 Verstehbarkeit: Inklusion im Paradigmenwechsel zur Problemlösung

horizontalen formalen Strukturen nutzen wir in der Umsetzung von Inklusion (schulische Teamarbeit, Zusammenarbeit in Schüler*innengruppen, Gremienarbeit, Informationsfluss zwischen Gremien, Kompetenztransfer, Zusammenarbeit zwischen Schulen, Zusammenarbeit mit weiteren Einrichtungen, mit Eltern, mit weiteren Mitarbeiter*innen)? Welche vertikalen formalen Strukturen nutzen wir in der Umsetzung von Inklusion (Informationsfluss zwischen Schüler*innen und Lehrkraft, Lehrkraft und Leitung, Schüler*innen und Leitung, Beschwerdestelle, Entlastungsmöglichkeiten)? Wie werden wir auf strukturelle Barrieren innerhalb der Schule und über die Schulgrenzen hinaus aufmerksam? Wie sorgen wir für die kontinuierliche Weiterentwicklung inklusiver Strukturen?

- Die Veränderung der Sicht auf Personen, also den Bildern, die von Personen in der Kommunikation entstehen und die im Wesentlichen durch Vorerfahrungen und wechselseitige Erwartungen geprägt sind: Wie wird Inklusion für Personen ermöglicht? Wie stärken wir kompetenzorientierte Sichtweisen und den Ressourcenblick in unserer Selbstbeschreibung? Wie sorgen wir für team- und teilhabeorientiertes Denken und Handeln innerhalb unserer Schule? Wie werden wir darauf aufmerksam, wenn Sichtweisen auf Personen in unserer Schulgemeinde nicht an Inklusion orientiert sind? Wie sorgen wir dafür, dass wir Erwartungen und Rollen immer wieder den Anforderungen und Ressourcen entsprechend aushandeln? Wie sorgen wir dafür, dass Veränderungen Eingang in unsere Beobachtungen finden und wir diese ressourcenorientiert behandeln?
- Die Veränderung der Organisationskultur, d. h. der gemeinsam gestalteten Alltagsregeln innerhalb der Organisation, die bestimmte Glaubenssätze und gemeinsam geteilte Werte enthalten. Die Alltagsregeln grenzen die Organisation von der Außenwelt ab und vermitteln den Eindruck der Zugehörigkeit: Wie wird Inklusion im Schulalltag gelebt? Wie und wo erleben wir Inklusion in unserer Organisationskultur? Welche unserer Sprachgewohnheiten sind ressourcenorientiert und für Inklusion nützlich? Wie sorgen wir dafür, dass alle Beteiligte die Vorteile der inklusiven Organisationskultur kennen und fördern? Auf welche Weise gelangen Beobachtungen zu unserer Organisationskultur in unseren Reflexionshorizont?

(e) Literatur z. B. für einen schulinternen Reader

Erbring, S. (2016): Einführung in die inklusive Schulentwicklung. Heidelberg: Carl-Auer.

Sliwka, A. (2014): Schulentwicklung für Diversität und Inklusion. Organisationsstruktur und Lernkultur an Schulen in der kanadischen Provinz Alberta. In: Trumpa, S. & Seilfried, S. et al. (Hrsg.), Inklusive Bildung: Erkenntnisse und Konzepte aus Fachdidaktik und Sonderpädagogik (334–351). Weinheim & Basel: Beltz Juventa.

Philipp, E. & Rolff, H. G. (2001): Evolving Case with Critical Incident oder: Wie kommt die Prozessdynamik in die Fortbildung? journal für schulentwicklung (1), 52 ff. Online verfügbar unter: http://www.schulportal.bremerhaven.de/lfi/fachartikel/rolff_philipp_evolving-case.pdf, Zugriff am 20.03.2017.

(f) Schulische Organisationsentwicklung mit Leitfragen

Übung 44: Arbeitsphase Schulischer Organisationsentwicklung mit Leitfragen (T/G/K)

Zeitumfang	Inhalt und Ziel	Didaktischer Kommentar
30 Min.	Gegenseitiges Befragen zu aktuellen Schulentwicklungsthemen: • Wie zeigt sich Inklusion in unseren schulischen Routinen und Abläufen? • Wie wird Inklusion strukturell unterstützt? • Wie wird Inklusion für Personen ermöglicht? • Wie wird Inklusion im Schulalltag gelebt?	Ansatzpunkte für aktuelle Fragestellungen identifizieren

6.2 Bedeutsamkeit: Perspektivenvielfalt als Mehrwert einsetzen

(a) Disney Methode

Übung 45: Arbeitsphase Disney Methode zur Analyse von Entwicklungsimpulsen Inklusion (G/K)

Zeitumfang	Inhalt und Ziel	Didaktischer Kommentar
30 Min.	Bei der Disney-Methode werden Ideen zur inklusiven Schulentwicklung mithilfe unterschiedlicher Perspektiven eingeschätzt. Aufgabenstellung für die schulbezogenen Tandems: Welche anstehende Aufgabe zur inklusiven Schulentwicklung möchten Sie zeitnah angehen? Bitte notieren Sie diese Aufgabe auf zwei Moderationskarten. Jede*r Teilnehmer*in hält die Moderationskarte mit dem anstehenden Thema in den Händen und folgt nacheinander den Hinweisen: Bitte positionieren Sie sich hinsichtlich der anstehenden Frage und geben Sie Ihren Kommentar als • Träumer, • Realisierer, • Kritiker.	Die drei Perspektiven werden auf Karten geschrieben und im Raum ausgelegt. Zu den jeweiligen Perspektiven bewegen sich die Teilnehmer*innen auf den entsprechenden Platz im Raum. Zum Einstieg in die Perspektiven kann eine passende Assoziation für die jeweilige Perspektive vorausgeschickt werden: • Zum Träumer: Denken Sie zunächst an etwas besonders Schönes. • Zum Realisierer: Denken Sie zunächst an eine besonders gute praktische Lösung. • Zum Kritiker: Denken Sie zunächst an eine gelungene kritische (Fehler-)Analyse.

(b) Poster zur inklusiven Schule)

Übung 46: Arbeitsphase Poster zur inklusiven Schule (T/G/K)

Zeitumfang	Inhalt und Ziel	Didaktischer Kommentar
60 Min.	In den Schultandems wird ein Poster erstellt. Dieses soll im Sinne eines Werbeposters gestaltet sein, das die Leitideen der Schule und somit den Bezug zur Inklusion verdeutlicht.	Es kann darauf hingewiesen werden, dass ein Werbeslogan eingebaut werden kann, z. B. »Hier wird die Inklusion gelebt.«
60 Min.	Die Teilnehmer*innen stellen ihre Poster zunächst im Plenum vor. Im Gallery Walk erhalten die Teilnehmer*innen Rückmeldungen zu ihren Postern. Dabei sollte die Leitfrage bearbeitet werden: Nehmen Sie auf die Poster folgende Perspektiven ein und geben Sie hierzu den Schultandems Rückmeldung: Was (meinen Sie) sehen Eltern – Kolleg*innen – Personen aus der Kommunalpolitik – etc.?	Für die Rückmeldungen aus den unterschiedlichen Perspektiven können an den Postern Zettel ausgefüllt werden.

6.3 Machbarkeit: Inklusion gemeinsam entwickeln

(a) Timeline

Übung 47: Arbeitsphase Timeline (E/T/G/K)

Zeitumfang	Inhalt und Ziel	Didaktischer Kommentar
30 Min.	▶ Arbeitsblatt 18: Timeline In dieser Arbeitsphase stehen Arbeitsblätter zur Verfügung, mithilfe derer Timelines zur inklusiven Schulentwicklung erarbeitet werden. Notiert werden hier schulische Ereignisse und Herausforderungen bis zum heutigen Zeitpunkt sowie anstehende schulische Ereignisse.	Diese Arbeitsphase sollte als Einzelarbeitsphase begonnen werden, kann jedoch auf Wunsch in einen Austausch mit den schulbezogenen Tandems münden.

Arbeitsblatt 18: Timeline

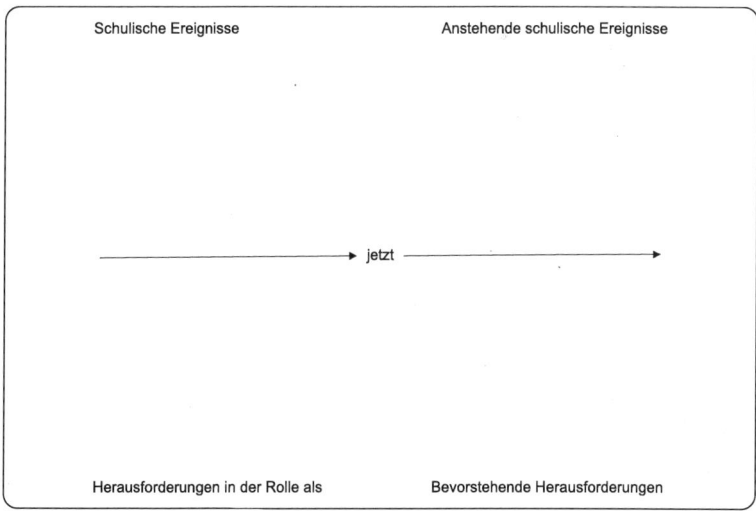

(b) Lösungsorientierte Beratung in einer Großgruppe

Philipp und Rolff (2011) befassen sich mit der Prozesssteuerung in der Schulentwicklung und zeigen anhand des Trainingsansatzes ›Evolving Case with Critical Incident‹ eine Strategie auf, wie Fortbildungen für Schulleitungen, aber auch alle anderen am Schulleben beteiligten Personen praxisnäher gestaltet werden können. Der Ansatz zeigt eine lösungsorientierte Vorgehensweise. Die ratsuchenden Personen erhalten umsetzbare Konzeptideen in Bezug auf ihre Fragestellung. Zugleich erwerben die ratgebenden Beteiligten Beratungskompetenzen und erhalten zudem Lösungen für eigene Fragestellungen, da sie sich intensiv mit den Problemlagen inklusiver Schulentwicklung beschäftigen.

Der ›Evolving Case‹ ist ein konkreter Fall, der im Plenum erzählt (Beratungsphase 1) und an einer kritischen Stelle unterbrochen wird. Die ratgebenden Gruppen (Beratungsphase 2) orientieren sich im Fall und erarbeiten eine Zwischenauswertung (Beratungsphase 3), die mit dem nächsten kritischen Ereignis (Beratungsphase 4) unterbrochen wird. Dieses Phasenmodell wird in einem Training ca. drei bis vier Mal durchlaufen und umfasst für jede Beratungseinheit (Phase 1–4) jeweils eine Zeitspanne von ca. drei Stunden.

Der positive Effekt dieses Konzeptes ist, dass sich aus dem Wechselspiel zwischen realer Fallschilderung und zeitnaher Gruppenberatung eine spannende Prozessdynamik ergibt. Dadurch entsteht im Fortbildungskontext eine Prozessdynamik, die als Lernen am und im konkreten Fall in der Fortbildungssituation stattfindet und dadurch Handlungs- und Praxisorientierung bei den Teilnehmer*innen anregt.

Übung 48: Arbeitsphase Herausforderung Inklusion (T/G/K)

Zeitumfang	Inhalt und Ziel	Didaktischer Kommentar
20 Min.	▶ Arbeitsblatt 19: Kritische Ereignisse In den schulbezogenen Tandems wird je ein Arbeitsblatt ausgefüllt. Der Arbeitsauftrag lautet:	Je nach verfügbarer Arbeitszeit kann die Arbeitsphase der schulbezogenen Tandems auch eine Einzelarbeitsphase zwischengeschoben

6.3 Machbarkeit: Inklusion gemeinsam entwickeln

Übung 48: Arbeitsphase Herausforderung Inklusion (T/G/K) – Fortsetzung

Zeitumfang	Inhalt und Ziel	Didaktischer Kommentar
	Einigen Sie sich im Tandem auf ein kritisches Ereignis, das in diesem Schuljahr an Ihrer Schule stattgefunden hat und das Sie als eine Herausforderung im Kontext schulischer Inklusion erlebt haben.	werden, in der die Tandempartner*innen getrennt ihre Perspektiven zum kritischen Ereignis notieren.
	Gemäß des Arbeitsauftrags auf dem Arbeitsblatt werden mindestens zwei Perspektiven (der Anwesenden) und ein bis zwei weitere Perspektiven zum Ereignis ausgefüllt.	
20 Min.	Nun folgt der nächste Arbeitsauftrag zu Arbeitsblatt 20 »Wie ging es weiter«. Hier wird gemeinsam im Schultandem eruiert, wie es nach dem kritischen Ereignis (zunächst) weiterging. Auch hier werden unterschiedliche Perspektiven mitgedacht.	
20 Min.	Entscheidung der Gesamtgruppe für eines der Beispiele, z. B. mit der TED-Methode: Jede*r Teilnehmer*in erhält einen Streifen Papier (etwa 10 x 30 cm, z. B. ein DIN-A4-Blatt längs geteilt). Je nach individueller Einschätzung markieren die Teilnehmer*innen auf ihren Papierstreifen Abschnitte für die zur Auswahl stehenden Themen und trennen/schneiden die Papierstreifen entsprechend ab. Dabei gilt: Welches Thema möchte ich wie gerne bearbeiten? So kann man z. B. den ganzen Streifen für ein Thema oder kleine Streifenstücke für verschiedenen Themen wählen. Die Stücke der Teilnehmer*innen werden dann auf dem Boden zu den jeweiligen Themen aneinandergereiht.	Z. B. TED Methode siehe links

6 Perspektiven inklusiver Schulentwicklung gestalten

Übung 48: Arbeitsphase Herausforderung Inklusion (T/G/K) – Fortsetzung

Zeitumfang	Inhalt und Ziel	Didaktischer Kommentar
	Anhand der Länge des Streifens für das jeweilige Thema wird der Gruppenwunsch nach Bearbeitung eines Themas deutlich. Die Gruppengewichtung wird durch die Länge der entstandenen Streifenlänge und Anzahl der Einzelteile ermittelt. Dadurch entsteht ein Gruppenentscheid für ein Thema.	

Arbeitsblatt 19: Kritische Ereignisse

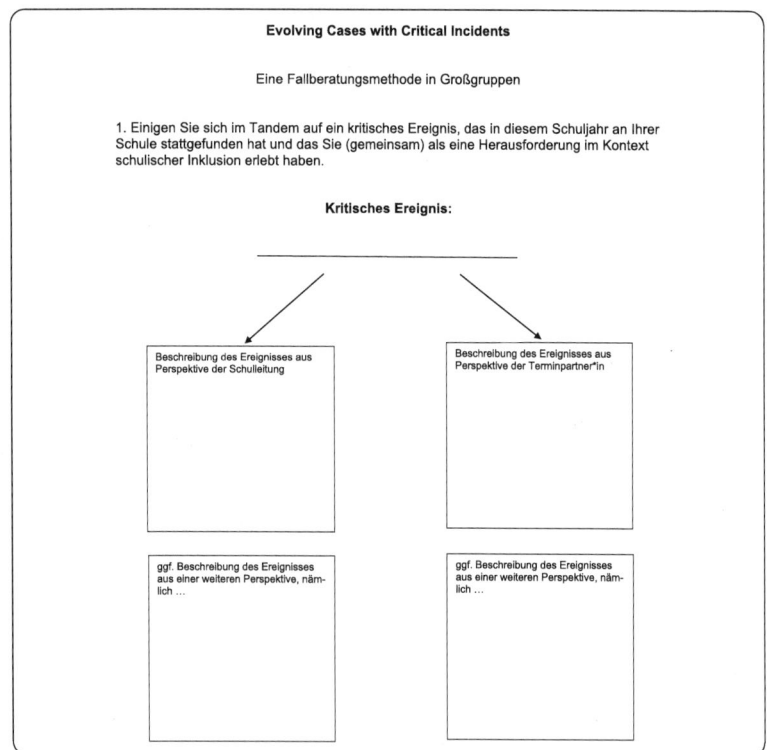

6.3 Machbarkeit: Inklusion gemeinsam entwickeln

Arbeitsblatt 20: Wie ging es weiter

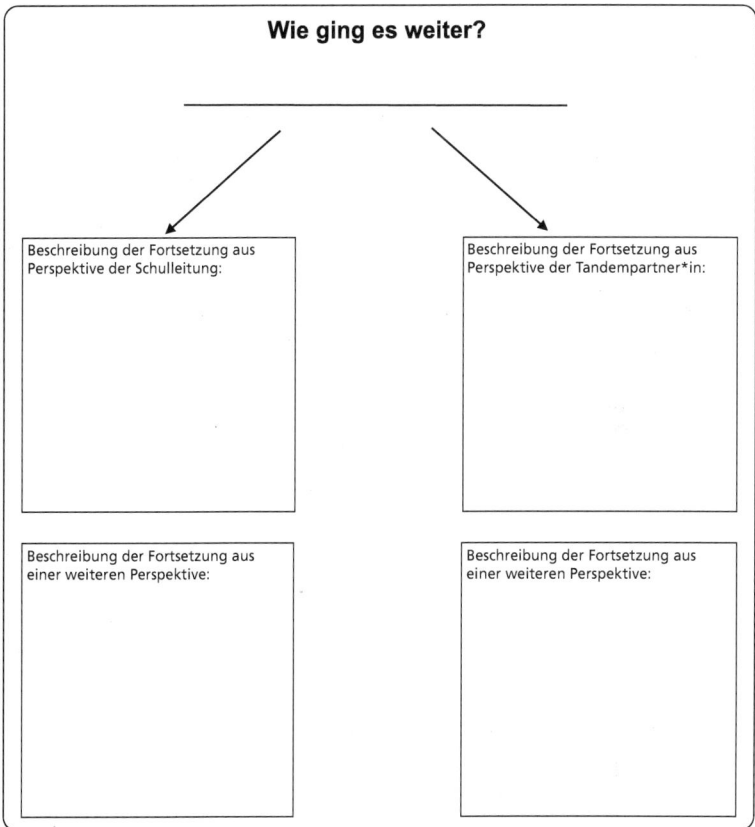

(c) Gruppenarbeit zum Fallbericht

Übung 49: Arbeitsphase Gruppenarbeit zum Fallbericht (G/K)

Zeitumfang	Inhalt und Ziel	Didaktischer Kommentar
20 Min.	Mit dieser Methode lernen Schulen und Schulleitungen voneinander: Eine Schule stellt ihren Schulentwicklungsprozess schrittweise bis zu einem kritischen Punkt dar. Die vorstellenden Personen präsentieren jeweils ihre individuelle Perspektive auf das kritische Ereignis und stellen nach Möglichkeit auch weitere Perspektiven vor. Es soll eine größtmögliche Komplexität entstehen. Nachfragen sind gestattet.	Seitens der Moderation ist hier besonders darauf zu achten, dass alle Perspektiven Gültigkeit besitzen. Die Komplexität soll ausgehalten werden, da auf diese Weise ein Beratungsprozess seinen Ausgangspunkt nimmt.
30 Min.	Die Gesamtgruppe wird in Untergruppen aufgeteilt. In den Gruppen werden Ideen erarbeitet, wie der Fall sich vermutlich weiterentwickelt hat.	Hier können die erprobten Fallberatungsgruppen genutzt werden.
40 Min.	Im Plenum werden die Ergebnisse der Arbeitsgruppen präsentiert. Die Fallgeber*innen haben ausreichend Zeit für Nachfragen an die Kleingruppen und deren Vermutungen. Sie geben aber die tatsächliche Entwicklung noch nicht preis.	
15 Min.	Nun berichtet die fallgebende Gruppe, wie sich der Fall tatsächlich weiterentwickelt hat. Der Fallbericht endet mit einem weiteren kritischen Ereignis bzw. mit dem aktuellen Entwicklungsstand im Fall.	
30 Min.	Die Untergruppen erarbeiten Ideen und Empfehlungen für die Fallgeber*innen.	Es sollen nach Möglichkeit Moderationskarten mit den Lösungsvorschlägen erstellt werden, die die Fallgeber*innen behalten können.

6.3 Machbarkeit: Inklusion gemeinsam entwickeln

Übung 49: Arbeitsphase Gruppenarbeit zum Fallbericht (G/K) – Fortsetzung

Zeitumfang	Inhalt und Ziel	Didaktischer Kommentar
50 Min.	Im Plenum werden die Ergebnisse der Arbeitsgruppen präsentiert. Die Fallgeber*innen haben ausreichend Zeit für Nachfragen an die Kleingruppen. Abschließend fassen die Fallgeber*innen den Ertrag der Beratungsphase zusammen.	Hier ist darauf zu achten, dass es weniger um ›richtige‹/›falsche‹ Vorschläge, sondern um lösungsorientierte Perspektiven zur Weiterarbeit im Fall geht.
10 Min.	Abschließend werden Chancen und Grenzen der Arbeitsmethode reflektiert.	

7 Evaluationen zu schulischen Selbsthilfeprozessen gestalten

7.1 Evaluationsergebnisse eines Qualifizierungsseminars der Unfallkasse

Die nachfolgende Evaluation bezieht sich auf eine Qualifizierungsmaßnahme mit dem Titel »Inklusion ressourcenorientiert umsetzen«, die über die Verteiler der Unfallkasse NRW sowie über das Amtsblatt des Ministeriums für Schule und Bildung NRW ausgeschrieben war (fünf Module im Umfang von je zwei Fortbildungstagen). Zur Qualifizierung eingeladen wurden Schulleitungen im Regelschulbereich, die im Tandem mit einer inklusionsrelevanten Person des Kollegiums (z. B. der Lehrkraft für Sonderpädagogik) teilnahmen. Konzeption und Durchführung der Veranstaltung stammt von der Autorin und beruht auf zentralen Bausteinen zur Selbsthilfe an Schulen.

Jedes Modul der Veranstaltungsreihe war in Anlehnung an die Empfehlungen zu wirksamer Lehrerfortbildung von Lipowsky und Rzejak (2015) in vier Phasen aufgebaut:

- Einführung in das jeweilige Modulthema
- Erarbeitung der Bedeutung für das Schulleitungshandeln
- Transfer auf die eigene Schule
- Kollegiale Beratung

Die Bearbeitung der Themenschwerpunkte liegt auf einem reflexionsorientierten Konzept. Es wird davon ausgegangen, dass sowohl die Gruppenmischung (Schulleitungen und Nicht-Schulleitungen, unterschiedliche Schulformen) als auch die Arbeit in qualifikationshomogenen (= Status-

7.1 Evaluationsergebnisse eines Qualifizierungsseminars der Unfallkasse

gruppen) und schulformhomogenen Gruppen Reflexionsanlässe schafft. Mittels Reflexion lassen sich dann sowohl Interaktionen als auch Rollenfragen bzw. Rollenwidersprüche und organisationale Zusammenhänge in den Blick nehmen.

Tab. 1: Modulplan Qualifizierungsmaßnahme »Inklusion ressourcenorientiert umsetzen«

Modultitel	Jeweils vier Arbeitsphasen: Vormittag 1. Tag/Nachmittag 1. Tag Vormittag 2. Tag/Nachmittag 2. Tag
1. Inklusion als Prozess	• Einführung in das Modulthema • Erarbeitung der Bedeutung für das Schulleitungshandeln • Transfer auf die eigene Schule • Kollegiale Beratung
2. Inklusive Unterrichtsentwicklung	• Einführung in das Modulthema • Erarbeitung der Bedeutung für das Schulleitungshandeln • Transfer auf die eigene Schule • Kollegiale Beratung
3. Inklusion und Teamarbeit	• Einführung in das Modulthema • Erarbeitung der Bedeutung für das Schulleitungshandeln • Transfer auf die eigene Schule • Kollegiale Beratung
4. Inklusive Schulentwicklung gesund gestalten	• Einführung in das Modulthema • Erarbeitung der Bedeutung für das Schulleitungshandeln • Transfer auf die eigene Schule • Kollegiale Beratung
5. Perspektiven inklusiver Schulentwicklung	• Einführung in das Modulthema • Erarbeitung der Bedeutung für das Schulleitungshandeln • Transfer auf die eigene Schule • Kollegiale Beratung

Insgesamt nahmen 30 Personen aus 17 Schulen am Projekt teil, neun davon Grundschulen, eine Real- und zwei Sekundarschulen, drei Gesamtschulen, zwei Gymnasien. 13 der Schulen wurden durch die Schulleiterin bzw. den Schulleiter vertreten, drei durch die stellvertretende Schulleitung oder Didaktische Leitung. Die Teilnahme im »Schultandem« ließ sich nicht in allen Grundschulen realisieren, so nahmen in zwei Fällen die Schulleiterinnen benachbarter Grundschulen als »Tandem« teil. Im Verlauf des Jahres kamen zwei Personen aufgrund von Stellenneubesetzungen hinzu, eine Person sowie eine Schule (zwei Personen) schieden nach dem dritten Modul aufgrund schulischer Belastungen aus.

Im Projekt eingesetzt wurden etablierte Instrumente (Sense of Coherence – SOC, Antonovsky 1997 und der Fragebogen von Hannöver 2004) und eigens entwickelte Evaluationsinstrumente (Inklusionswissen und -können – IWK, eigene Fassung; Standortbestimmung der guten inklusiven Schule – GIS; Zusammenstellung nach Booth und Ainscow 2011, Bosse und Spörer 2014 sowie Brägger und Posse 2007). Zusätzlich wurden das zwischenzeitliche Geschehen in den Schulen und die Wünsche für das jeweils folgende Modul mit einem offenen Reflexionsbogen »Zwischen den Modulen« erfasst. Zur Seminarevaluation wurden Fragebögen der Unfallkasse eingesetzt, im letzten Modul wurden zusätzlich qualitative schriftliche Befragungen in den Schultandems und im Plenum eingesetzt.

Die Teilnehmer*innen wurden am Ende der Seminarreihe gebeten, die vier sich in den Modulen jeweils wiederholenden Phasen in einem Abschlussbogen zu evaluieren. Dabei wurde die Qualität der Module in Bezug auf alle vier Phasen positiv bewertet. Die positivste Bewertung, auch im Hinblick auf die Erarbeitung von Umsetzungsmöglichkeiten, erhielt die Arbeitsphase »Kollegiale Beratung« (Arbeitsphase jeweils am zweiten Fortbildungsnachmittag).

In den Evaluationsbögen für Seminare der Unfallkasse NRW wurde das Seminar auf einer fünfstufigen Skala hinsichtlich der Organisation durchschnittlich mit 1,17 bewertet, die Inhalte und Methoden mit 1,73, das Seminarklima mit 1,16 und der Lernerfolg/Nutzen mit 1,40 (1 = sehr gut; 5 = mangelhaft). Bei den freien Antworten wurden vor allem die positive Arbeitsatmosphäre, die Heterogenität der Gruppe und die daraus resultierenden vielfältigen Anregungen sowie die Möglichkeiten zum kollegialen Austausch hervorgehoben.

7.1 Evaluationsergebnisse eines Qualifizierungsseminars der Unfallkasse

Neben den Voruntersuchungen wurden die Teilnehmer*innen ebenfalls angehalten, die Re-flexionsfragen »Zwischen den Modulen« auszufüllen. Diese dienten der Steuerung und Gestaltung der Seminarmodule sowie der zusammenfassenden Information über das zwischenzeitliche Geschehen in den Schulen. Zudem fand eine abschließende Evaluation statt, deren Ergebnisse im Folgenden berichtet werden.

Tab. 2: Untersuchungsinstrumente mit Beispielitems

Instrument	Beispielitem	Antwortformat
SOC	»Wie oft haben Sie das Gefühl, dass die Dinge, die Sie täglich tun, wenig Sinn haben?«	nie ☐ ☐ ☐ ☐ ☐ sehr oft
	»Haben Sie das Gefühl, dass Sie in einer ungewohnten Situation sind und nicht wissen, was Sie tun sollen?«	nie ☐ ☐ ☐ ☐ ☐ sehr oft
IWK – SL	»Ich verfüge über ein umfassendes Verständnis von Inklusion.«	stimmt voll ☐ ☐ ☐ ☐ ☐ nie / kann ich nicht beurteilen ☐
	»Ich bin in der Lage Personalentwicklung und Qualifizierungsplanung inklusiv auszurichten.«	stimmt voll ☐ ☐ ☐ ☐ ☐ nie / kann ich nicht beurteilen ☐
IWK – LK	»Unser*e Schulleiter*in verfügt über ein umfassendes Verständnis von Inklusion.«	stimmt voll ☐ ☐ ☐ ☐ ☐ nie / kann ich nicht beurteilen ☐
	»Unser*e Schulleiter*in ist in der Lage Personalentwicklung und Qualifizierungsplanung inklusiv auszurichten.«	stimmt voll ☐ ☐ ☐ ☐ ☐ nie / kann ich nicht beurteilen ☐
GIS – Kulturen, Strukturen, Praktiken	»Die Unterschiedlichkeit der Schüler*innen wird als Chance für das Lehren und Lernen genutzt.«	stimmt voll ☐ ☐ ☐ ☐ ☐ nie / kann ich nicht beurteilen ☐
	»Die Lehrkräfte arbeiten gut zusammen und unterstützen sich gegenseitig.«	stimmt voll ☐ ☐ ☐ ☐ ☐ nie / kann ich nicht beurteilen ☐

Tab. 2: Untersuchungsinstrumente mit Beispielitems – Fortsetzung

Instrument	Beispielitem	Antwortformat
GIS – Einstellung	»Ich bin der Meinung, dass die Inklusion von Schüler*innen mit sonderpädagogischem Förderbedarf im Regelunterricht gewinnbringend für die Schüler*innen ohne sonderpädagogischen Förderbedarf sein kann.«	stimmt voll ☐ ☐ ☐ ☐ ☐ nie kann ich nicht beurteilen☐
GIS – Kompetenzen	»Ich bin mir sicher, dass die Lehrer*innen meines Kollegiums auch bei größten Leistungsunterschieden für jedes Kind ein angemessenes Lernangebot bereithalten können.«	stimmt voll ☐ ☐ ☐ ☐ ☐ nie kann ich nicht beurteilen☐
Fragen zwischen den Modulen	»In welcher Form habe ich selbst/ haben wir schulintern die Bearbeitung der angesprochenen Themen fortgesetzt?«	Offenes Antwortformat
	»Welche Ereignisse haben in der Zwischenzeit auf den Prozess Einfluss gehabt?«	Offenes Antwortformat
Evaluation Unfallkasse	»Für meine Schulleitungstätigkeit/schulische Tätigkeit ist das Seminar von großem Nutzen.«	stimmt voll ☐ ☐ ☐ ☐ ☐ nie kann ich nicht beurteilen☐
	»Das Arbeitsmaterial ist sehr hilfreich für meinen Lernerfolg.«	stimmt voll ☐ ☐ ☐ ☐ ☐ nie kann ich nicht beurteilen☐
Abschlussbefragung der Schultandems	»Worin sehen Sie den besonderen Wert der Seminarreihe? In Bezug auf welche Problemstellung war sie besonders hilfreich, in Bezug auf welche nicht? Haben Sie Ideen darüber, woran das lag?«	Offenes Antwortformat

7.1 Evaluationsergebnisse eines Qualifizierungsseminars der Unfallkasse

In den Erhebungen der SOC-Werte (Sense of Coherence; Antonovsky 1997) zu Beginn der Qualifizierung zeigte die Stichprobe keine signifikanten Abweichungen von den in der Literatur berichteten Referenzwerten. Die Abschlusserhebung verzeichnet hier einen leichten Zuwachs, insbesondere in der Dimension »Machbarkeit« um 12,1 %.

Bezüglich ihres eigenen Inklusionswissens und -könnens schätzten sich die Teilnehmenden zum inklusionsbezogenen Können positiver ein als zum inklusionsbezogenen Wissen. Im Vergleich von Schulleitungen und Tandempartner*innen zeigte sich, dass sich die Schulleiter*innen in Bezug auf ihr inklusionsbezogenes Wissen und Können positiver einschätzen als es ihre Tandempartner*innen tun. Die Abschlusserhebung zeigt einen leichten Zuwachs in beiden Dimensionen (Wissen um 6,6 %; Können um 5,3 %). Erfasst wurde weiterhin die Einschätzung der Teilnehmer*innen zur Umsetzung von Inklusion an der eigenen Schule bezüglich der Dimensionen einer gesunden inklusive Kultur, gesunden inklusiven Strukturen und gesunder inklusiver Praxis. Die Teilnehmer*innen bewerteten hier ihre eigene Schule eher positiv, wobei die Werte der Dimension gesunde inklusive Praxis vergleichsweise am schwächsten ausfielen. Auch hier schätzten die Schulleitungen ihre Schule im Durchschnitt positiver ein als die Kolleg*innen ihres Tandems. Die anfangs schwächer ausgeprägte Dimension der gesunden inklusiven Praxis steigt in der Abschlussbefragung um 11,7 %.

In der Abschlussbefragung zu Wirkungen der Qualifizierung erarbeiteten die Teilnehmer*innen in ihren schulbezogenen Tandems ihre Antworten. Bei den zukünftigen Entwicklungsvorhaben wurden vor allem die Themen »Unterrichtsentwicklung« und »Teambildung/-entwicklung« genannt. Erkennbar wird eine deutliche Sensibilisierung der Teilnehmenden hinsichtlich schulinterner Klärungsprozesse, wie beispielsweise im Hinblick auf schulinterne Bedarfe im Förderschwerpunkt emotional-soziale Entwicklung. Sichtbar wurde hier auch, dass die Teilnehmer*innen von den gesundheitsorientierten Strategien profitierten, hier besonders von Strategien der Organisations- und Unterrichtsentwicklung im Sinne der prozessorientierten gemeinsamen Problemlösung.

Insgesamt zeigt sich ein positiver Einfluss der Qualifizierung auf interne Gestaltungsmöglichkeiten wie der Teamentwicklung und der Zusammenarbeit zwischen den unterschiedlichen Funktionsgruppen innerhalb der

Schule. Dabei scheint die Ausrichtung auf interne Ressourcen mithilfe des Seminarkonzeptes die Teilnehmenden nach Abschluss des Projekts hinsichtlich der Umsetzbarkeit schulischer Inklusion an ihrer Schule zuversichtlicher zu stimmen. Dazu trug insbesondere der Austausch in den schulbezogenen Tandems bei: Unterschiedliche Blickwinkel auf schulische Prozesse wurden verhandelbar, neue Handlungsstrategien konnten entwickelt und in die Tat umgesetzt werden. Wichtig war hier, so zeigen die Ergebnisse, dass die Wahrnehmung der eigenen Ambivalenzen sowie der unterschiedlichen Sichtweisen in der Teilnehmer*innengruppe dazu beitrugen, dass die kontroversen Argumentationen an den Einzelschulen zugelassen wurden und auf diese Weise schulinterne Schritte der Weiterarbeit gefunden werden konnten.

Inwieweit die Veränderungen auf die Qualifizierung zurückzuführen sind, lässt sich aufgrund der Datenlage nur vorsichtig schlussfolgern. Hier sind weitere Untersuchungen und größere Stichproben notwendig. Jedoch ist die Zufriedenheit der Teilnehmer*innen ein erster Hinweis auf die wirksame Konzeption des Modellprojekts. Anzumerken bleibt, dass die Schulformmischung (Heterogenitätsbeitrag) offenbar einen wichtigen positiven Beitrag leistete, wobei aus Teilnehmendensicht größere Kohorten der entsprechenden Schulformen (Homogenitätsbeitrag) hilfreich wären.

7.2 Methodische Anregungen zur Abschlussevaluation

Abschlussevaluation im Plenum

Übung 50: Arbeitsphase Abschlussevaluation im Plenum (G/K)

Zeitumfang	Inhalt und Ziel	Didaktischer Kommentar
20 Min.	Kurzer Bericht der Schultandems	Sitzordnung im Stuhlkreis
20 Min.	Kurzer Bericht der Statusgruppen	

7.2 Methodische Anregungen zur Abschlussevaluation

Übung 50: Arbeitsphase Abschlussevaluation im Plenum (G/K) – Fortsetzung

Zeitumfang	Inhalt und Ziel	Didaktischer Kommentar
20 Min.	Soziometrische Aufstellungen zu gruppenbezogenen Organisationsformen der Seminarreihe Auf einer Skala von 1 bis 10: So hilfreich fand ich die Arbeit in den/der • Schulteams • Statusgruppen • Kollegialen Fallberatungsgruppen • Gesamtgruppe/Plenum	Auslegen der Skala im Raum
20 Min.	Schriftliche Abfrage mit dem Arbeitsblatt 21 »Abschlussfragen Schulteam« • Persönlicher Gewinn • Effekte durch die Kooperation im Schulteam • Effekte auf Ebene der Schulentwicklung • Zukünftige Unterstützungsmöglichkeiten durch die Unfallkasse oder anderer Träger Schriftliche Abfrage mit Arbeitsblatt 22 »Evaluation Abschluss« Abfrage der Wirksamkeit von Phasen im Prozessverlauf	Die Teilnehmer*innen arbeiten allein.
20 Min.	Abschlussbewertung in Schulteams In den Gruppen werden Stärken und Schwächen des stattgefundenen Qualifizierungsseminars und Empfehlungen für zukünftige Seminare aus Sicht ihrer Funktion/Rolle dargestellt.	Die Teilnehmer*innen arbeiten in den Schulteams.

7 Evaluationen zu schulischen Selbsthilfeprozessen gestalten

Übung 50: Arbeitsphase Abschlussevaluation im Plenum (G/K) – Fortsetzung

Zeitumfang	Inhalt und Ziel	Didaktischer Kommentar
20 Min.	Abschlussbewertung in Statusgruppen In den Gruppen werden Stärken und Schwächen des stattgefundenen Qualifizierungsseminars und Empfehlungen für zukünftige Seminare aus Sicht ihrer Funktion/Rolle dargestellt.	Die Teilnehmer*innen arbeiten in den Statusgruppen.

Arbeitsblatt 21: Abschlussfragen Schulteam

Persönlicher Gewinn

- Was ist das Wichtigste, das Sie aus diesem Prozess mitnehmen?
- Welches sind die Ihrer Meinung nach wichtigsten Veränderungen, die Sie durch die Teilnahme (a) persönlich (b) in Ihrer Funktion und (c) in der Zusammenarbeit im Team erleben?
- Welche von Ihnen gewünschten Entwicklungen sind nicht eingetreten?

Kooperation

- Wie oft haben Sie sich mit Ihrem*Ihrer Seminarpartner*in getroffen?
- Wie lange dauerte ein Treffen durchschnittlich und was waren die wichtigsten Themen?
- Hat sich durch das Seminar die Zusammenarbeit mit Ihrem*Ihrer Seminarpartner*in und/oder mit anderen Personen/Gremien/Gruppen innerhalb Ihrer Schule verändert?
- Haben Sie sich mit anderen Teilnehmer*innen aus der Seminarreihe getroffen? Wenn ja, wie oft, wie lange und zu welchen Anlässen?

Schulentwicklung

- Was glauben Sie, würden uns Kolleg*innen aus Ihrer Schule sagen, wenn wir sie fragen würden, was sich an Ihrer Schule im Verlauf des vergangenen Jahres geändert hat?
- Haben Sie im Verlauf der Seminarreihe Veränderungsprozesse in Ihrer Schule angeregt? Wenn ja, welche? Wenn nein, was waren die Hinderungsgründe?
- Haben Sie sich hierfür Unterstützung ›von außen‹ (Kompetenzteam, Schulentwicklungsberatung) geholt? Und wie haben Sie die Unterstützung erlebt?
- Welches waren dabei die wichtigsten Themen?
- Wünschen Sie in Bezug auf diese Themen auch in Zukunft eine Unterstützung durch Angebote der Unfallkasse oder anderer Träger?

7 Evaluationen zu schulischen Selbsthilfeprozessen gestalten

Arbeitsblatt 22: Evaluation Abschluss

War diese Seminarphase geeignet, Ihre gesteckten Ziele zu erreichen?	sehr geeignet ☐ ☐ ☐ ☐	nicht geeignet
Wie bewerten Sie die Atmosphäre während dieser Phase?	sehr unterstützend ☐ ☐ ☐ ☐	nicht unterstützend
Wie zufrieden waren Sie mit den eingesetzten Methoden?	sehr zufrieden ☐ ☐ ☐ ☐	nicht zufrieden
Wie beurteilen Sie die Qualität der Informationen und Arbeitsaufträge im Blick auf Ihre Zielsetzung?	sehr hoch ☐ ☐ ☐ ☐	sehr gering
Die Seminarphase hat mir geholfen, schwierige Situationen umfassender und besser zu verstehen.	sehr viel ☐ ☐ ☐ ☐	sehr wenig
Die Seminarphase hat mir geholfen, mehr Rollenklarheit zu entwickeln.	sehr viel ☐ ☐ ☐ ☐	sehr wenig
Die Seminarphase hat mir geholfen, selbst professionelle Handlungsmöglichkeiten für die vorgestellte Situation zu entwickeln.	sehr viel ☐ ☐ ☐ ☐	sehr wenig
Die Seminarphase hat mir geholfen, Selbst- und Fremdwahrnehmung in Konflikten zu erweitern.	sehr viel ☐ ☐ ☐ ☐	sehr wenig

Verzeichnis der Übungen und Lernmaterialien

Übungen

Übung 1:	Soziometrische Aufstellungen in gemischten Gruppen	12
Übung 2:	Skulptur	12
Übung 3:	Gemeinsamer Spaziergang	12
Übung 4:	Eckengespräche zur Inklusion	13
Übung 5:	Sammeln von Erwartungen	13
Übung 6:	Kartenabfrage zu Gruppenpotentialen	13
Übung 7:	Einführung Kollegialer Fallberatung	14
Übung 8:	Kollegiale Fallberatung	16
Übung 9:	Impulsreferat Inklusion	22
Übung 10:	Impulsreferat Phasenmodell Veränderung	28
Übung 11:	Arbeitsphase Phasenmodell	32
Übung 12:	Arbeitsphase Unterstützungsmöglichkeiten in Veränderungsprozessen	34
Übung 13:	Arbeitsphase Bildimpuls Seiltänzer	36
Übung 14:	Arbeitsphase Inneres Team zur Inklusion	37
Übung 15:	Arbeitsphase Eigene Verortung zur Inklusion	38
Übung 16:	Impulsreferat Inklusion in sieben Schritten	41
Übung 17:	Impulsreferat Projektplanung	46
Übung 18:	Arbeitsphase Der Weg vom Ist zum Soll	49
Übung 19:	Impulsreferat systemisches Verständnis ICF	53
Übung 20:	Arbeitsphase Baumcurriculum	63
Übung 21:	Arbeitsphase Systemische Sichtweisen im Schulalltag	64
Übung 22:	Impulsvortrag eines Gastes	67

Übung 23:	Arbeitsphase Solution Talk zum Vortrag	67
Übung 24:	Impulsreferat Differenzierung in der Matrixarbeit	69
Übung 25:	Arbeitsphase Matrixarbeit	77
Übung 26:	Impulsreferat Gute gesunde inklusive Schule	85
Übung 27:	Arbeitsphase Austausch Teamarbeit Belastung/Entlastung	92
Übung 28:	Eckengespräche Teamarbeit	93
Übung 29:	Arbeitsphase Skalenarbeit Team	94
Übung 30:	Arbeitsphase Teamentwicklung mit Kompetenzkarten	95
Übung 31:	Arbeitsphase Probleme der Umsetzung von Teamarbeit sammeln	99
Übung 32:	Lösungsorientierte Arbeitsphase Teamarbeit	100
Übung 33:	Arbeitsphase Austausch zu Ergebnissen der Problemlösungen	101
Übung 34:	Arbeitsphase bzw. Eckengespräche Gesundheitsressourcen Inklusion	109
Übung 35:	Arbeitsphase Auftragskarussell	109
Übung 36:	Arbeitsphase Einwandbehandlung	113
Übung 37:	Arbeitsphase Gesundheit mit Symbolen	116
Übung 38:	Arbeitsphase Eigene Definition von Gesundheit	117
Übung 39:	Arbeitsphase Skalierung Gesundheit	117
Übung 40:	Arbeitsphase bzw. Eckengespräche Gesundheitsressourcen	118
Übung 41:	Arbeitsphase Selbsteinschätzung Ressourcen	119
Übung 42:	Arbeitsphase Antreiber- und Erlaubersätze	121
Übung 43:	Arbeitsphase Zeitmanagement	122
Übung 44:	Arbeitsphase Schulischer Organisationsentwicklung mit Leitfragen	130
Übung 45:	Arbeitsphase Disney Methode zur Analyse von Entwicklungsimpulsen Inklusion	131
Übung 46:	Arbeitsphase Poster zur inklusiven Schule	132
Übung 47:	Arbeitsphase Timeline	133
Übung 48:	Arbeitsphase Herausforderung Inklusion	134
Übung 49:	Arbeitsphase Gruppenarbeit zum Fallbericht	138
Übung 50:	Arbeitsphase Abschlussevaluation im Plenum	146

Folien

Folie 1:	Leitfaden Kollegiale Fallberatung	16
Folie 2:	Ablauf Kollegiale Fallberatung 1	16
Folie 3:	Ablauf Kollegiale Fallberatung 2	16
Folie 4:	Forschung Inklusive Bildung	21
Folie 5:	Impulsreferat Inklusion/Definition	25
Folie 6:	Impulsreferat Inklusion/UN- Deklaration Recht auf Bildung	26
Folie 7:	Impulsreferat Inklusion/UN-Deklaration Bewusstseinsentwicklung	26
Folie 8:	Impulsreferat Inklusion/Schulische Perspektive	27
Folie 9:	Impulsreferat Inklusion/Stolpersteine	27
Folie 10:	Impulsreferat Inklusion/Chancen	27
Folie 11:	Impulsreferat Inklusion/Leitfragen	28
Folie 12:	Impulsreferat Phasenmodell Veränderungen/ Diagramm	32
Folie 13:	Bildimpuls Balance	36
Folie 14:	Inneres Team zur Inklusion/Beispiel	37
Folie 15:	Inneres Team zur Inklusion/Motivvorlage zum Ausfüllen	38
Folie 16:	Inklusion als U-Prozess	45
Folie 17:	Impulsreferat Projektplanung/ Schulentwicklungszirkel	47
Folie 18:	Survey-Feedback-Methode	48
Folie 19:	Impulsreferat systemisches Verständnis ICF/Gesundheit und Krankheit 1	60
Folie 20:	Impulsreferat systemisches Verständnis ICF/Gesundheit und Krankheit 2	60
Folie 21:	Impulsreferat systemisches Verständnis ICF/Umgang mit Diagnosen 1	61
Folie 22:	Impulsreferat systemisches Verständnis ICF/Umgang mit Diagnosen 2	61

Folie 23:	Impulsreferat systemisches Verständnis ICF/Umgang mit Diagnosen 3	61
Folie 24:	Baum Curriculum Beispiel Schweden	64
Folie 25:	Impulsreferat Differenzierung/Lernstrukturgitter 1	72
Folie 26:	Impulsreferat Differenzierung/Lernstrukturgitter 2	73
Folie 27:	Impulsreferat Differenzierung/Lernstrukturgitter 3	73
Folie 28:	Impulsreferat Differenzierung/Lernstrukturgitter 4	74
Folie 29:	Impulsreferat Differenzierung/Lernstrukturgitter 5	74
Folie 30:	Impulsreferat Differenzierung/Lernstrukturgitter 6	75
Folie 31:	Impulsreferat Differenzierung/Beispiel Lernstrukturgitter 1	76
Folie 32:	Rahmenbedingungen schulischer Teamentwicklung	84
Folie 33:	Impulsreferat Gute gesunde inklusive Schule 1	90
Folie 34:	Impulsreferat Gute gesunde inklusive Schule 2	90
Folie 35:	Impulsreferat Gute gesunde inklusive Schule 3	91
Folie 36:	Skalenarbeit Team	95
Folie 37:	Teamentwicklung mit Kompetenzkarten/Schaubild	97
Folie 38:	Probleme Umsetzung von Teamarbeit/Beispiele	99

Arbeitsblätter

Arbeitsblatt 1:	Kollegiale Fallberatung	17
Arbeitsblatt 2:	Arbeitsphase Phasenmodell	33
Arbeitsblatt 3:	Arbeitsphase Unterstützungsmöglichkeiten in Veränderungsprozessen	34
Arbeitsblatt 4:	Eigene Verortung zur Inklusion	39
Arbeitsblatt 5:	Der Weg vom Ist zum Soll/Skala Inklusion	50
Arbeitsblatt 6:	Systemische Sichtweisen 1	65
Arbeitsblatt 7:	Systemische Sichtweisen 2	66
Arbeitsblatt 8:	Systemische Sichtweisen 3	66
Arbeitsblatt 9:	Systemische Sichtweisen 4	66
Arbeitsblatt 10:	Matrixarbeit	77

Arbeitsblatt 11:	Impulsreferat Gute gesunde inklusive Schule/ Teamarbeit	91
Arbeitsblatt 12:	Teamentwicklung mit Kompetenzkarten	98
Arbeitsblatt 13:	Auftragskarussell	111
Arbeitsblatt 14:	Formulierungshilfen Einwände	114
Arbeitsblatt 15:	Einwände und positive Werte	115
Arbeitsblatt 16:	Selbsteinschätzungsbogen	120
Arbeitsblatt 17:	Zeitmanagement	123
Arbeitsblatt 18:	Timeline	133
Arbeitsblatt 19:	Kritische Ereignisse	136
Arbeitsblatt 20:	Wie ging es weiter	137
Arbeitsblatt 21:	Abschlussfragen Schulteam	148
Arbeitsblatt 22:	Evaluation Abschluss	150

Tabellen

Tab. 1:	Modulplan Qualifizierungsmaßnahme »Inklusion ressourcenorientiert umsetzen«	141
Tab. 2:	Untersuchungsinstrumente mit Beispielitems	143

Literaturverzeichnis

Aichele, V. & Kroworsch, S. (2017): Inklusive Bildung ist ein Menschenrecht: Warum es die inklusive Schule für alle geben muss. Berlin: Deutsches Institut für Menschenrechte.

Amrhein, B. & Badstieber, B. (2013): Lehrerfortbildungen zu Inklusion – eine Trendanalyse. Gütersloh: Bertelsmann Stiftung.

Antonovsky, A. (1997): Salutogenese. Zur Entmystifizierung der Gesundheit. Tübingen: dgvt-Verlag.

Arndt, A. K., Stenger, S. & Werning, R. (2014): Gestaltung und Entwicklung inklusiven Unterrichts. In: K. Arndt et al. (Hrsg.), Inklusiver Unterricht. Leitideen zur Organisation und Kooperation (6–24). München: Oldenburg.

Badstieber, B., Amrhein, B., Oerke, B. & Waschke, L. (2017): Perspektiven von und auf Schulleitungen im Kontext aktueller inklusionsorientierter Schulentwicklungsprozesse. Sonderpädagogische Förderung heute 2, 180–194.

Berger, L. & Berger, M. (2008): Der Baum der Erkenntnis für Kinder und Jugendliche im Alter von 1–16 Jahren. Halmstad: Barnoch Ungdomsförvaltningen.

Booth, T. & Ainscow, M. (2011): Index for Inclusion. Developing Learning and Participation in Schools. London: Centre for Studies on Inclusive Education.

Bosse, S. & Spörer, N. (2014): Kurzskalen zur inklusiven Einstellung und Selbstwirksamkeit von Lehrpersonen. Empirische Sonderpädagogik 4, 279–299.

Brägger, G. & Posse, N. (2007): IQES – Instrumente für die Qualitätsentwicklung und Evaluation von Schulen. Bern: h.e.p.-Verlag.

Bundeszentrale für gesundheitliche Aufklärung (2001): Was erhält Menschen gesund? Antonovskys Modell der Salutogenese – Diskussionsstand und Stellenwert. Köln: BzgA.

Dadaczynski, K. & Paulus, P. (2011): Psychische Gesundheit aus Sicht von Schulleitungen. Erste Ergebnisse einer internationalen Onlinestudie für Deutschland. Psychologie in Erziehung und Unterricht 58, 306–318.

Döring-Seipel, E. & Dauber, H. (2010): Was hält Lehrer und Lehrerinnen gesund – die Bedeutung von Ressourcen, subjektiver Bewertung und Verarbeitung von Belastung für die Gesundheit von Lehrern und Lehrerinnen. Schulpädagogik heute 2 (1).

Engel, G. (2009): Führen in der lernenden Organisation Schule – Chancen systemischen Denkens und Handelns für Schulleiterinnen und Schulleiter. systhema 23 (3), 278–292.

Engelbrecht, P. (2014): International Perspectives on Teacher Education for Inclusion. In: M. Lichtblau et al. (Hrsg.), Forschung zu inklusiver Bildung. Gemeinsam anders lehren und lernen (11–25). Bad Heilbrunn: Klinkhardt.

Erbring, S. (2012): Mehrbelastung durch Inklusion? Eine neue schulische Herausforderung aus salutogener Sicht. Lernchancen 87/88, 75–81.

Erbring, S. (2014): Inklusion ressourcenorientiert umsetzen. Heidelberg: Carl-Auer.

Erbring, S. (2015): Inklusive Schulentwicklung ressourcenorientiert gestalten. Pädagogik 12, 10–13.

Erbring, S. (2016): Einführung in die inklusive Schulentwicklung. Heidelberg: Carl-Auer.

European Agency for Development in Special Needs Education (EAFDISNE) (2012): Inklusionsorientierte Lehrerbildung. Ein Profil für inklusive Lehrerinnen und Lehrer. Odense: EAFDISNE.

Hannöver, W. (2004): Die Sense of Coherence Scale von Antonovsky und das Vorliegen einer psychiatrischen Diagnose. Psychother Psych Med 54, 179–186

Herwig-Lempp, J. (2012): Ressourcenorientierte Teamarbeit. Systemische Praxis der kollegialen Beratung. Ein Lern- und Übungsbuch. Göttingen: Vandenhoeck & Ruprecht.

Hinz, A. (2013): Inklusion – von der Unkenntnis zur Unkenntlichkeit!? – Kritische Anmerkungen zu einem Jahrzehnt. Diskurs über schulische Inklusion in Deutschland. Zeitschrift für Inklusion, 1. Online verfügbar unter: www.inklusion-online.net/index.php/inklusion/index, Zugriff am 05.05.2020.

Krapp, A. & Ryan, R. M. (2002): Selbstwirksamkeit und Lernmotivation. Eine kritische Betrachtung der Theorie von Bandura aus der Sicht der Selbstbestimmungstheorie und der pädagogisch-psychologischen Interessentheorie. In: Jerusalem, M. & Hopf, D. (Hrsg.), Selbstwirksamkeit und Motivationsprozesse in Bildungsinstitutionen (54–82). Zeitschrift für Pädagogik, Beiheft (44).

Kutzer, R. (1982): Anmerkungen zum struktur- und niveauorientierten Unterricht. In: Probst, H. (Hrsg.), Kritische Behindertenpädagogik in Theorie und Praxis. Beiträge zum gleichnamigen Studentenkongress der Fachgruppe Sonderpädagogik in Marburg 1978. Solms-Oberbiel: Jarik-Verlag

Lipowsky, F. & Rzejak, D. (2014): Lehrerfortbildungen lernwirksam gestalten – Ein Überblick über den Forschungsstand. Lernende Schule 17 (68), 9–12.

Merz-Atalik, K. (2014): Der Forschungsauftrag aus der UN-Behindertenrechtskonvention, nationale und internationale Probleme und ausgewählte Erkenntnisse der Integrations-/Inklusionsforschung zur inklusiven Bildung. In: Trumpa. S., Seifried, S., Franz, E. & Klauß, T. (Hrsg.), Inklusive Bildung. Erkenntnisse und Konzepte aus Fachdidaktik und Sonderpädagogik (24–46). Weinheim & Basel: Beltz.

Nieskens, B., Rupprecht, S. & Erbring, S. (2012): Was hält Lehrkräfte gesund? Ergebnisse der Gesundheitsforschung für Lehrkräfte und Schulen. In: DAK-Gesundheit & Unfallkasse NRW (Hrsg.), Handbuch Lehrergesundheit – Impulse für die Entwicklung guter gesunder Schulen (3–59). Köln: Carl Link.

Palmowski, W. (2007): Nichts ist ohne Kontext. Systemische Pädagogik bei »Verhaltensauffälligkeiten«. Dortmund: Verlag modernes Lernen.

Philipp, E. & Rolff, H. G. (2001): Evolving Case with Critical Incident oder: Wie kommt die Prozessdynamik in die Fortbildung?. journal für schulentwicklung (1), 52 ff. Online verfügbar unter: http://www.schulportal.bremerhaven.de/lfi/fach artikel/rolff_philipp_evolving-case.pdf, Zugriff am 20.03.2017.

Rolff, H. G. (2004): Gesundheitsförderung und Schulqualität. In: Träger der gesetzlichen Schüler-Unfallversicherung in NRW (Hrsg.), Kongress. Gute und gesunde Schule. Dokumentation (42–58).

Roth, S. (2000): Emotionen im Visier: Neue Wege des Change Managements. Organisationsentwicklung 2, 14–21.

Sasse, A. & Schulzeck, U. (2013): Differenzierungsmatrizen als Modell der Planung und Reflexion inklusiven Unterrichts – zum Zwischenstand in einem Schulversuch. In: Jantowski, A. (Hrsg.), Thillm. 2013. Gemeinsam leben. Miteinander lernen. Bad Berka: Thüringer Institut für Lehrerfortbildung, Lehrplanentwicklung und Medien. Online verfügbar unter: http://www.gu-thue.de/material/Beitrag_Sasse_Schulzeck_Thillm_Jahr2013.pdf, Zugriff am 05.05.2020

Seydel, O. (2009): Gemeinsam statt einsam. Stuttgart: Raabe Verlag. Online verfügbar unter: http://www.schulentwicklung-net.de/veroeffentlichungen/teamarbeit-anschulen.html, Zugriff am 05.05.2020.

Schlippe, A. v. & Schweitzer, J. (1998): Lehrbuch der systemischen Therapie und Beratung I. Göttingen: Vandenhoeck & Ruprecht.

Schlippe, A. v. & Schweitzer, J. (2009): Systemische Interventionen (2. Auflage). Göttingen: Vandenhoeck & Ruprecht.

Schumacher, L. (2012): Wege zu einer guten gesunden Schule – Gesundheitsförderung durch Organisationsentwicklung. In: DAK-Gesundheit & Unfallkasse NRW (Hrsg.), Handbuch Lehrergesundheit – Impulse für die Entwicklung guter gesunder Schulen (97–128). Köln: Carl Link.

Schwager, M. (2011): Gemeinsames Unterrichten im Gemeinsamen Unterricht. Zeitschrift für Heilpädagogik 62 (3), 92–98.

Sliwka, A. (2014): Schulentwicklung für Diversität und Inklusion. Organisationsstruktur und Lernkultur an Schulen in der kanadischen Provinz Alberta. In: Trumpa, S. & Seilfried, S. et al. (Hrsg.), Inklusive Bildung. Erkenntnisse und Konzepte aus Fachdidaktik und Sonderpädagogik (334–351). Weinheim & Basel: Beltz Juventa.

Sturm, T. (2013): Lehrbuch Heterogenität in der Schule. München: Reinhardt UTB.

Von der Groeben, A. (2011): Verschiedenheit nutzen. Besser lernen in heterogenen Gruppen. Berlin: Cornelsen Scriptor.

Von der Groeben, A. & Kaiser, A. (2012): Werkstatt Individualisierung. Hamburg: Bergmann und Helbig.

World Health Organization (2013): International Classification of Functioning, Disability and Health (ICF). Online verfügbar unter: http://www.who.int/classifications/icf/en/, Zugriff am 16.05.2015.